INCIDENTE DE ASSUNÇÃO DE COMPETÊNCIA

2ª Edição

ALUISIO GONÇALVES DE CASTRO MENDES
JOSÉ ROBERTO MELLO PORTO

INCIDENTE DE ASSUNÇÃO DE COMPETÊNCIA

2ª Edição

Prefácio do
Ministro LUIZ FUX

Apresentação do
Ministro LUIS FELIPE SALOMÃO

GZ
EDITORA

Rio de Janeiro
2021

2ª Edição – 2021
1ª Edição – 2020

CIP-Brasil. Catalogação-na-fonte.
Sindicato Nacional dos Editores de Livros, RJ.

M49i
2. ed.

Mendes, Aluisio Gonçalves de Castro
Incidente de assunção de competência / Aluisio Gonçalves de Castro Mendes, José Roberto Mello Porto; prefácio do ministro Luiz Fux; apresentação do ministro Luis Felipe Salomão. - 2. ed. - Rio de Janeiro: GZ, 2021.
186 p.; 23 cm.

Inclui bibliografia e índice
ISBN 978-65-5813-021-5

1. Processo civil - Brasil. 2. Competência (Autoridade legal) - Brasil. 3. Intervenção (Processo civil) - Brasil. I. Porto, José Roberto Mello. II. Fuz, Luiz. II. Salomão, Luis Felipe. III. Título.

21-69967
U: 347.937(81)

GZ EDITORA

Av. Erasmo Braga, 299 – sala 202
CEP: 20020-000 – Rio de Janeiro – RJ
Tels.: (0XX21) 2240-1406 / 2240-1416 – Fax: (0XX21) 2240-1511
contato@editoragz.com.br
www.editoragz.com.br

Impresso no Brasil
Printed in Brazil

Dedicamos este livro aos Ministros (pela antiguidade) MARCO AURÉLIO MELLO, LUIZ FUX, LUÍS ROBERTO BARROSO, LUIS FELIPE SALOMÃO, BENEDITO GONÇALVES, MARCO AURÉLIO BELLIZZE e ANTONIO SALDANHA PALHEIRO, que dignificam com maestria, no Supremo Tribunal Federal e no Superior Tribunal de Justiça, a origem funcional do Estado do Rio de Janeiro.

Aluisio Gonçalves de Castro Mendes

José Roberto Mello Porto

Bem como à minha amada esposa, MARJORIE, e aos meus adoráveis filhos, CHRISTIAN e CAROLINA, que são a minha razão de viver.

Aluisio Gonçalves de Castro Mendes

Ao Desembargador ALUISIO MENDES, exemplar julgador e professor, cujo generoso convite para esta empreitada me encheu de alegria e orgulho, ao meu primo, Desembargador CLÁUDIO DE MELLO TAVARES, cuja presidência tem engrandecido o Tribunal de Justiça do Estado do Rio de Janeiro, e à minha esposa, MARIA CAROLINA, sem a qual meus sonhos pessoais e profissionais seriam meros devaneios.

José Roberto Mello Porto

PREFÁCIO

Celeridade e eficiência são dois eixos em torno dos quais gravitam as normas do novo Código de Processo Civil. A novel legislação conferiu ênfase a soluções processuais que aproveitem ao maior número de casos com o mínimo de dispêndio de recursos. Dessa maneira, obtém-se uniformidade, previsibilidade e racionalidade na administração da Justiça. Com o propósito de manter a jurisprudência coerente e estável, o Código de 2015 inaugura um sistema de precedentes vinculantes, destinado a garantir a aplicação do entendimento já pacificado pelos Tribunais. Dentre os mecanismos adotados para esse mister, figuram as regras sobre julgamento de recursos por amostragem, em sua essência reproduzidas de reformas anteriores, bem assim o Incidente de Resolução de Demandas Repetitivas e o Incidente de Assunção de Competência, os quais foram originalmente criados pelo diploma recém-promulgado, a partir dos antecedentes históricos muito bem expostos no presente livro.

A atual geração de processualistas assumiu uma enorme responsabilidade perante o país e as gerações futuras. Nas mentes e escritos dos estudiosos das ciências jurídicas processuais da atualidade residem as bases do que será praticado e difundido pelas próximas décadas, tanto na praxe forense quanto nos bancos universitários do Brasil. Por mais árdua que seja a missão, exigindo o abandono da zona de conforto e a reinvenção dos conceitos já reproduzidos por mero apego à tradição, pouco se poderia imputar à ocorrência do destino o surgimento do novo Código de Processo Civil. Afinal, o diploma foi gestado por longos anos, período no qual foi submetido a reiterados debates por especialistas nos mais diversos cantos da nação. Houve quem preferisse a inércia, falha insuperável de quem prefere fechar os olhos enquanto o bonde da história se move diante de si. Para gáudio dos brasileiros, entretanto, acadêmicos destacados assumiram a tarefa de acolher o primeiro Código Processual promulgado nestas terras em tempos democráticos.

Os renomados professores Aluisio Mendes e José Roberto Mello Porto trazem ao mercado editorial brasileiro uma obra de suma importância para a adequada compreensão da nova ordem jurídica processual. A reputação acadêmica de ambos é irretocável. Aluisio Mendes é Desembargador Federal do Tribunal Regional Federal da 2ª Região (TRF-2), Professor Titular de Direito Processual Civil da Faculdade de Direito da Universidade do Estado do Rio de Janeiro (UERJ) e da Universidade Estácio de Sá (Unesa), além de Professor Convidado no Instituto Max Planck de Luxemburgo (2016) e no Programa de Pós-Graduação da Fundação Getúlio Vargas (FGV). Por sua vez,

Mello Porto é Defensor Público do Estado do Rio de Janeiro, Doutorando em Direito Processual (UERJ) e Mestre em Direito Processual (UERJ). Portanto, ambos aliam conhecimento prático e teórico, qualidades que transparecem em cada página desta excelente obra.

Nos capítulos que se seguem, o leitor encontrará uma análise detalhada dos mais diversos aspectos do Incidente de Assunção de Competência. Fugindo ao trivial, os autores antecipam controvérsias que poderão surgir quanto à adequada interpretação do novo texto legal. A riquíssima bibliografia é cotejada com farta jurisprudência e estilo de escrita elegante, virtuoso pela simplicidade e capacidade de transmitir conteúdo com leveza. Que as suas lições edifiquem no intelecto dos operadores do Direito as conquistas concretas a serem apreciadas pelos jurisdicionados de hoje e do amanhã.

Brasília, 15 de julho de 2019.

Luiz Fux
Ministro do Supremo Tribunal Federal

APRESENTAÇÃO

Na era da comunicação e da revolução tecnológica disruptiva, todas as áreas do direito sofrem o impacto das mutações. Cada vez mais, a ciência social tem que lidar com um vocabulário "transnacional", "pós-nacional", "globalizado" e "cosmopolita".

Na verdade, há em andamento, no mundo, uma transformação "...relacionada à emergência de uma ou diversas novas ordens jurídicas e políticas para além do Estado nacional (Brunkhorst, 2007:63-109) e às implicações destas tendências para novas formas de lidar com os paradoxos da decisão jurídica e política (Koskenniemi, 2008:65-89; Fischer-Lescano e Teubner, 2006:10-33)", no dizer elegante de Pablo Holmes em interessante artigo denominado "O Constitucionalismo entre a Fragmentação e a Privatização: Problemas Evolutivos do Direito e da Política na Era da Governança Global". A partir de uma leitura da teoria social dos sistemas, o autor observou os processos de transformação do direito e da política graças à crescente integração transnacional da sociedade mundial.

Nesse contexto de transformação, fala-se cada vez mais em governança em lugar de governo, na qual os indivíduos e as instituições, públicas e privadas, administram seus assuntos comuns.

Uma espécie de ordem espontânea, formada a partir de atores privados e suas práticas contratuais, assim como proposta por F. Hayek (1945), Klaus Gunther (2003) e Teubner (2004).

O processo civil deve estar preparado para estes novos tempos, simplificar a forma de atuar por parte do Judiciário e estar à altura de seus novos desafios, sobretudo para garantir segurança jurídica.

Nesse passo, o sistema de precedentes trazido pelo novel diploma foi uma de suas grandes inovações no campo da segurança jurídica e agilidade na prestação jurisdicional. Assim é que, no microssistema de demandas repetitivas, definido o *leading case*, a tese passará a ter eficácia vinculante sobre os julgamentos posteriores e repercussão direta sobre os demais recursos interpostos com o mesmo fundamento, tendo-se, nitidamente, um contexto de *objetivação* da recorribilidade, haja vista que seus efeitos emanam para além do processo no qual fora definida.

Na verdade, ultrapassado o primeiro estágio de adaptação da comunidade jurídica ao novo Código de Processo Civil, parece que alguns pontos ainda não receberam o merecido enfoque.

É o caso do instituto abordado com maestria neste trabalho: o Incidente de Assunção de Competência, o IAC. De fato, por um lado, alguns Tribunais vêm se mostrando receptivos à pacificação de questões por essa via, de outro se verifica uma inegável timidez, que a comparação quantitativa com outros instrumentos deixa entrever.

Naturalmente, o cenário deve mudar e, para tanto, muito contribuiram Aluisio Gonçalves de Castro Mendes, Desembargador Federal do Tribunal Regional Federal da 2ª Região e professor titular de Direito Processual Civil da Universidade do Estado do Rio de Janeiro e da Universidade Estácio de Sá, e José Roberto Mello Porto, Defensor Público do Estado do Rio de Janeiro e Doutorando pela UERJ.

São dois reconhecidos juristas e a combinação na autoria do texto o enriqueceu, garantindo visão interinstitucional de seu objeto.

O livro está dividido em nove capítulos, ao longo dos quais é analisado o tratamento normativo do Incidente de Assunção de Competência, tanto na lei processual geral, assim como no Regimento Interno do Superior Tribunal de Justiça.

Os dois primeiros capítulos analisam aspectos gerais e estão voltados à contextualização do instituto, no atual estágio da ciência processual, enquanto integrante do microssistema de criação de precedentes judiciais, com ênfase para evolução histórica da busca pela uniformização dos entendimentos jurisprudenciais.

Neste ponto, os autores delineiam diversos antecedentes legais do Incidente de Assunção de Competência, revelando que, desde diplomas anteriores aos códigos processuais brasileiros, a prevenção e a composição dos dissídios decisórios sempre foram perseguidos pelo legislador.

A sua natureza jurídica não é examinada apenas com visão acadêmica, mas sobretudo prática. Ao investigá-la pelo critério material, por exemplo, chega-se à tormentosa questão da necessidade de haver processo em trâmite no Tribunal para que se instaure o incidente.

Em seguida, são examinados tópicos estruturais do Incidente de Assunção de Competência: competência, legitimidade e o cabimento. Esses elementos, entre os poucos que o legislador abordou diretamente, são a essência de seu funcionamento, servindo a exposição para orientar tribunais e partes.

Uma rápida leitura do art. 947 do Código de Processo Civil de 2015 não basta para entender, realmente, o incidente. É fundamental, como propõem os autores, enxergá-lo por uma lente diferente, como integrante sistémico de um corpo de instrumentos trazidos pelo Código Fux, a exemplo do Incidente de Resolução de Demandas Repetitivas, dos Recursos Repetitivos e da Repercussão Geral. A partir daí, aborda-se o procedimento, os recursos cabíveis e a forma de revisão da tese fixada.

A tarefa não é simples, mas a obra a executa com perfeição. Em tema cuja produção doutrinária e jurisprudencial ainda é incipiente, o livro que ora apresento será de consulta obrigatória aos estudantes e profissionais do direito.

Boa leitura!

Luis Felipe Salomão
Ministro do Superior Tribunal de Justiça

SOBRE OS AUTORES

ALUISIO GONÇALVES DE CASTRO MENDES

Desembargador Federal. Membro da 3ª Seção e da 5ª Turma do Tribunal Regional Federal da 2ª Região (TRF-2). Integrante do Conselho Consultivo do Departamento de Pesquisas Judiciárias (DPJ) e dos Grupos de Trabalho do Conselho Nacional de Justiça (CNJ) para o fortalecimento dos precedentes e para a modernização e efetividade do Poder Judiciário nos processos de execução e cumprimento de sentença. Professor Titular de Direito Processual Civil da Faculdade de Direito da Universidade do Estado do Rio de Janeiro (UERJ) e do Programa de Pós-Graduação em Direito (PPGD) da Universidade Estácio de Sá (Unesa). Professor Convidado no Instituto Max Planck de Luxemburgo (2016). Professor-expositor da Escola da Magistratura do Estado do Rio de Janeiro (EMERJ). Pós-Doutor pela Universidade de Regensburg, Alemanha. Mestre e Doutor em Direito pela Universidade Federal do Paraná (UFPR). Mestre em Direito pela *Johann Wolfgang Goethe Universität* (Frankfurt am Main, Alemanha). Especialista em Direito Processual Civil pela Universidade de Brasília (UnB). Graduado em Direito pela Universidade do Estado do Rio de Janeiro (UERJ) e em Comunicação Social pela Pontifícia Universidade Católica do Rio de Janeiro (PUC-RJ). Membro da Academia Brasileira de Letras Jurídicas (ABLJ). Diretor do Instituto Ibero-americano de Direito Processual (IIDP), do Instituto Brasileiro de Direito Processual (IBDP) e do Instituto Carioca de Processo Civil (ICPC). Membro da Associação Brasil-Alemanha de Juristas (*Deutsch-Brasilianische Juristenvereinigung* – DBJV) e da International Association of Procedural Law (IAPL). Foi Membro do Conselho Superior da Escola Nacional de Formação e Aperfeiçoamento de Magistrados (Enfam) no biênio 2014-2016 e Diretor da Escola da Magistratura Regional Federal da 2ª Região (EMARF) nos biênios 2011-2013, 2013-2015 e 2015-2017. Coordenador da Comissão Permanente de Processo Civil da Associação de Juízes Federais do Brasil (AJUFE). Membro do Conselho de Relações Internacionais da Revista de Processo (RePro), do Conselho de Redação da Revista de Processo Comparado (RPC), do Conselho Editorial do Centro de Estudos da Justiça Federal (CEJ) e do *Editorial Board* da *Civil Procedure Review*. Editor internacional da Revista Eletrônica de Direito Processual (REDP). Bolsista do Programa de Produtividade da Unesa. Consultor e ex-bolsista da Coordenação de Aperfeiçoamento de Pessoal de Nível Superior (Capes), do Serviço Alemão de Intercâmbio Acadêmico (*Deutscher Akademischer Austauschdienst* – DAAD), do Conselho Nacional de Pesquisa (CNPq) e da Fundação *Alexander von Humboldt* (AvH). Membro da Comissão de Juristas responsável pelo acompanhamento da redação final do Projeto de novo Código de Processo Civil no Senado. Integrante do Projeto *Comparative Procedural Law and Justice* (CPLJ-P).

JOSÉ ROBERTO MELLO PORTO

Defensor Público do Estado do Rio de Janeiro. Assessor da Presidência do Supremo Tribunal Federal. Doutorando e mestre em Direito Processual (UERJ). Integrante do Grupo de Trabalho do Conselho Nacional de Justiça (CNJ) para o fortalecimento dos precedentes. Presidente da Comissão de Estudos em Processo Civil da Ordem dos Advogados do Brasil – Seccional Rio de Janeiro (2019/2021). Membro do Instituto Brasileiro de Direito Processual (IBDP).

SUMÁRIO

Capítulo 5
LEGITIMIDADE

Capítulo 6
CABIMENTO

Capítulo 7
PROCEDIMENTO

Capítulo 1

TÉCNICA DE FIXAÇÃO DE TESES JURÍDICAS OU DE JULGAMENTO DE QUESTÕES COMUNS

1.1. Instrumentos

O moderno sistema processual está composto de técnicas variadas, voltadas à solução efetiva e em tempo razoável dos conflitos[1]. Isso se dá tanto na tutela individual, como na flexibilização do procedimento por iniciativa das partes (art. 190[2]) ou do juiz (art. 139, VI[3]), como na tutela coletiva[4].

---

1 Nesse sentido: "O direito processual é um direito eminentemente instrumental e, como tal, serve para a realização do direito material. Consequentemente, o processo, como um todo, bem como os respectivos atos e procedimentos devem estar inspirados na economia processual. Esse princípio, por sua vez, precisa ser entendido de modo mais amplo, sob o ponto de vista subjetivo, como orientação geral para o legislador e para o aplicador do direito processual e, objetivamente, como sede para a escolha das opções mais céleres e menos dispendiosas para a solução das lides" (MENDES, Aluisio Gonçalves de Castro. *Incidente de resolução de demandas repetitivas*: sistematização, análise e interpretação do novo instituto processual. Rio de Janeiro: Forense, 2017, p. 18).

2 "Art. 190. Versando o processo sobre direitos que admitam autocomposição, é lícito às partes plenamente capazes estipular mudanças no procedimento para ajustá-lo às especificidades da causa e convencionar sobre os seus ônus, poderes, faculdades e deveres processuais, antes ou durante o processo.
Parágrafo único. De ofício ou a requerimento, o juiz controlará a validade das convenções previstas neste artigo, recusando-lhes aplicação somente nos casos de nulidade ou de inserção abusiva em contrato de adesão ou em que alguma parte se encontre em manifesta situação de vulnerabilidade."

3 "Art. 139. O juiz dirigirá o processo conforme as disposições deste Código, incumbindo-lhe: (...)
VI – dilatar os prazos processuais e alterar a ordem de produção dos meios de prova, adequando-os às necessidades do conflito de modo a conferir maior efetividade à tutela do direito."

4 Confira-se, a propósito: "O Direito Processual Coletivo desenvolveu-se nos últimos anos e ampliou o quadro de instrumentos processuais disponíveis e

Nessa última área do Direito Processual, o Código de Processo Civil de 2015 se imiscuiu consideravelmente, apesar de não tratar das ações coletivas de maneira direta. O aperfeiçoamento do sistema de formação de precedentes (qualificados[5]), sistema de pronunciamentos qualificados ou de jurisprudência e de precedentes definidos legalmente[6], especialmente pela via da fixação de teses jurídicas, é instrumento com enorme potencial para atingir a meta

adequados, ao lado das vias tradicionais de ação coletiva ou de classe, sobretudo por meio de três outros mecanismos: a) Procedimentos-padrão, como o *Musterverfahren* na Alemanha, o *Group Litigation Order*, na Inglaterra e País de Gales, o julgamento de recursos repetitivos e o Incidente de Resolução de Demandas Repetitivas, no Brasil; b) os *Alternative Dispute Resolutions (ADRs), On Line Dispute Resolutions (ODRs)* e outros meios de resolução consensuais poderiam ser mais focados, pensados e regulados para conflitos coletivos, como foi feito no *Class Action Fairness Act* ou na última reforma da *Gesetz über Musterverfahren in kapitalmarktrechtlichen Streitigkeiten – KapMuG* (o estatuto do procedimento-modelo para o mercado de capitais); e c) uma abordagem sistemática do sistema de precedentes e *stare decisis* nos países de *civil law*, ainda que com o eventual e necessário ajuste para adaptá-lo à cultura e regras nacionais, para resolver questões de efeito vinculante, como foi feito no novo Código de Processo Civil, em vigor desde março de 2016. Pode ser um novo parâmetro ou uma possibilidade para os novos mecanismos: a decisão de questões comuns apesar da diferença entre as demandas" (MENDES, Aluisio Gonçalves de Castro; MENDES, Carolina Paes de Castro. O direito processual coletivo e o novo código de processo civil: Estudos em homenagem ao Professor e Jurista Luiz Fux. In: MENDES, Aluisio Gonçalves de Castro; BEDAQUE, José Roberto dos Santos; CARNEIRO, Paulo Cezar Pinheiro; ALVIM, Teresa Arruda (Coord.). *O novo processo civil brasileiro*: Temas relevantes – Estudos em homenagem ao Professor, Jurista e Ministro Luiz Fux. Rio de Janeiro: LMJ Mundo Jurídico, 2018, v. 1, p. 10).

5 Expressão utilizada por parte da doutrina (OLIVEIRA JR., Zulmar Duarte de. Comentário ao art. 947. In: ______; DELLORE, Luiz; GAJARDONI, Fernando da Fonseca; ROQUE, André. *Execução e recursos* – comentários ao CPC de 2015. 2ª ed. São Paulo: Método, 2018, p. 666) e pelo STJ, em seu regimento interno (art. 121-A): "Art. 121-A. Os acórdãos proferidos em julgamento de incidente de assunção de competência e de recursos especiais repetitivos bem como os enunciados de súmulas do Superior Tribunal de Justiça constituem, segundo o art. 927 do Código de Processo Civil, precedentes qualificados de estrita observância pelos Juízes e Tribunais."

6 Denominações utilizadas em MENDES, Aluisio Gonçalves de Castro. Ob. cit., p. 97.

do legislador: uma jurisprudência uniforme, íntegra, estável e coerente.

Com a abordagem panorâmica criada, passa a existir uma técnica voltada à segura seleção de um entendimento jurisprudencial. O mais adequado é considerar que o julgamento não seja de demandas, mas de questões (jurídicas) comuns a vários processos, existentes ou potenciais[7].

Atualmente, o microssistema[8] de casos repetitivos desenhado, inaugurado pelos recursos repetitivos, ainda na vigência do diploma de 1973, e complementado pelo incidente de resolução de demandas repetitivas, acaba por se aglutinar a outras técnicas, formando um microssistema de incidentes fixadores de teses jurídicas[9].

É crucial entender, portanto, que são ferramentas componentes da sistemática de fixação de teses jurídicas pelo julgamento de questões comuns a demandas variadas:

---

7 Afirma-se, nesse sentido, que "[a] pluralidade de pessoas e a origem comum dos direitos pode receber tratamento coletivo, atendendo ao princípio da economia processual, se houver a prevalência de questões comuns sobre as questões de direito ou de fato individuais e da superioridade da tutela coletiva sobre a individual" (MENDES, Aluisio Gonçalves de Castro; SILVA, Larissa Clare Pochmann. Ações coletivas na jurisprudência do STJ. In: GALLOTTI, *Isabel et al.* (Coord.). *O papel da jurisprudência no STJ*. São Paulo: Revista dos Tribunais, 2014, p. 1.076).

8 Utilizamos a expressão "microssistema" por costume, mas, a rigor, não há uma densa doutrina que a distinga, criteriosamente, do que seria um "sistema". Nesse sentido: "Diz-se que teríamos um microssistema de formação e aplicação de precedentes no Código. Porém, mais do que isso, o Código estabeleceu um verdadeiro "sistema" de formação de precedentes qualificados, sendo que a expressão "microssistema" não contribui, podendo até embaçar, a perfeita compreensão da realidade normativa. Aliás, o dístico microssistema é relacional: uma coisa é micro no que comparada com outra." (OLIVEIRA JR., Zulmar Duarte de. Comentário ao art. 947. In: ______; DELLORE, Luiz; GAJARDONI, Fernando da Fonseca; ROQUE, André. *Execução e recursos* – comentários ao CPC de 2015. 2ª ed. São Paulo: Método, 2018, p. 666).

9 MENDES, Aluisio Gonçalves de Castro. *Incidente de resolução de demandas repetitivas*: sistematização, análise e interpretação do novo instituto processual. Rio de Janeiro: Forense, 2017, p. 105-108.

a) Incidente de resolução de demandas repetitivas (arts. 976 e seguintes);

b) Incidente de julgamento de recursos repetitivos (arts. 1.036 e seguintes);

c) Incidente de assunção de competência (art. 947).

Enquanto os dois primeiros são elementos do microssistema de casos repetitivos (art. 928), com caráter repressivo, por depender da existência de processos em curso que versem sobre a questão jurídica a ser pacificada, o último ostenta natureza preventiva, dispensando a repetitividade.

Todos esses institutos, porém, podem ser compreendidos a partir de uma essência comum, que passa pela dinâmica de funcionamento e pelas finalidades perseguidas.

1.2. Funcionamento

A técnica está dividida, em linhas gerais, em duas partes. Na primeira, instaura-se incidente de julgamento, em um procedimento objetivado, semelhante ao que sucede no controle concentrado de constitucionalidade. A exemplo deste, não se despreza o quadro fático, embora também não se considerem eventuais minúcias de situações subjetivas específicas.

Uma vez fixada a tese, que, aliás, costuma ser sintetizada em texto conciso (a lembrar os enunciados sumulares) [10], o órgão colegiado passa a julgar os casos afetados, aplicando-a. Trata-se de um momento diverso do primeiro, e dele dependente, sendo

---

10 Nesse sentido: "Os precedentes precisam dispor de clareza, solidez e profundidade nos seus fundamentos, pois, do contrário, dificilmente serão respeitados e seguidos. O respeito ao precedente decorre e é proporcional, em boa medida, à capacidade de fundamentação contida nas razões da decisão (*ratio decidendi*)" (MENDES, Aluisio Gonçalves de Castro; SILVA, Larissa Clare Pochmann da. Os impactos do novo CPC na razoável duração do processo, *Revista de Processo*, São Paulo, v. 241, pp. 15-25, mar./2015).

fundamental para o aperfeiçoamento da dinâmica, vez que os órgãos que posteriormente aplicarão o entendimento terão um parâmetro de incidência da *ratio decidendi* ao caso concreto. Deve o tribunal, portanto, elaborar acórdão didático, bastante analítico.

O Superior Tribunal de Justiça possui decisões, em sede de recursos repetitivos, bastante exemplares, destacando cada parte da atividade cognitiva:

> Administrativo e processual civil. Recurso representativo de controvérsia. Art. 543-C do CPC/1973 (atual 1.036 do CPC/2015) e resolução STJ 8/2008. Ação de repetição de indébito. Tarifa de energia elétrica. Relação contratual. Consumidor e concessionária do serviço público. Interesse da ANEEL. Não ocorrência, em regra. Controvérsia submetida ao rito do art. 543-C do CPC/1973 (atual 1.036 do CPC/2015). 1. Sob o rito do art. 543-C do CPC (atualmente 1.036 e seguintes do CPC/2015), foi admitida a seguinte tese controvertida: "Questão atinente ao interesse jurídico da ANEEL (Agência Nacional de Energia Elétrica) para figurar no polo passivo de ação revisional e de repetição de indébito relativa a contrato de fornecimento de energia elétrica celebrado entre usuário do serviço e concessionária do serviço público". *Resolução da tese controvertida.* 2. O Superior Tribunal de Justiça sedimentou a compreensão de que não há, em regra, interesse jurídico da Aneel (Agência Nacional de Energia Elétrica) para figurar como ré ou assistente simples de Ação de Repetição de Indébito relativa a valores cobrados por força de contrato de fornecimento de energia elétrica celebrado entre usuário do serviço e concessionária do serviço público. Nesse sentido: (...). *Resolução do caso concreto.* 3. Na hipótese dos autos, o Tribunal de origem observou o entendimento jurisprudencial do STJ que aqui se consolida, estabelecendo que, na situação específica dos autos, não vislumbrou interesse jurídico da Aneel. 4. Recurso Especial não provido. Acórdão submetido ao regime dos arts. 1.036 e seguintes do CPC/2015[11].

---

11 REsp. 13.89.750, Rel. Min. Herman Benjamin, 1ª Seção, DJe 17/04/2017.

Por fim, havendo tese jurídica estatuída, e já fora da fase de fixação da tese propriamente dita, mas como um reflexo fundamental de sua eficácia, os julgadores dos casos concretos posteriormente ajuizados e que versem sobre a mesma questão jurídica terão um leque de instrumentos para abreviar o curso do processo (eficácia prospectiva ou atemporal da fixação de teses)[12].

1.3. Finalidades

A doutrina[13] aponta os seguintes atributos e objetivos específicos do incidente de assunção de competência[14]:

---

12 Confira-se, a propósito: "[N]o que tange à duração razoável do processo, do ponto de vista macro, a vinculação ao precedente judicial pode significar uma celeridade maior, porque, com o acolhimento dos precedentes judiciais no julgamento, há uma tendência à coerência, à integridade e à estabilidade dos julgamentos e, como consequência, também uma tendência à redução do número de recursos, com a diminuição no tempo de tramitação dos processos" (MENDES, Aluisio Gonçalves de Castro; SILVA, Larissa Clare Pochmann da. Os impactos do novo CPC na razoável duração do processo, *Revista de Processo*, São Paulo, v. 241, pp. 15-25, mar./2015).

13 DIDIER JR., Fredie; CUNHA, Leonardo Carneiro da. *Curso de direito processual civil*. v. 3. 14ª ed. Salvador: JusPodivm, 2017, pp. 759-760.

14 Sobre o tema: "[O] incidente de assunção de competência, nos termos do art. 947 do CPC, prevê o deslocamento para órgãos mais amplos, que devem ter a competência para a uniformização da jurisprudência, para decidir a questão de direito com grande repercussão social. As normas processuais devem propiciar a devida segurança jurídica. E, naturalmente, as funções contemporâneas do Poder Judiciário são fundamentais no sentido de orientar a sociedade diante de novos fatos, da ausência de regras específicas ou da controvérsia estabelecida em relação à interpretação das normas. Os órgãos judiciários servem para propiciar a solução do conflito e não para fomentá-los. Por isso, a preocupação com a isonomia e com a segurança jurídica. Dessa forma, os órgãos vinculados ao respectivo tribunal devem seguir o entendimento fixado" (MENDES, Aluisio Gonçalves de Castro. Breves considerações sobre o caráter vinculativo da jurisprudência e dos precedentes no artigo 927 do novo Código de Processo Civil. In: NUNES, Dierle; MENDES, Aluisio Gonçalves de Castro; JAYME, Fernando Gonzaga (Coord.). *A nova aplicação da jurisprudência e precedentes no CPC/2015*: Estudos em homenagem à Professora Teresa Arruda Alvim. São Paulo: Revista dos Tribunais, 2017, p. 129).

a) Deslocamento de competência;

b) Prevenção ou composição da divergência interna ao tribunal;

c) Formação do precedente.

Com efeito, a sistemática do julgamento de questões comuns ostenta uma finalidade central: firmar interpretação pretensamente definitiva acerca de uma norma legislada. Funciona, aqui, como instrumento de formação concentrada de precedente, permitida por força do procedimento legal e dos reflexos que a normativa traz para o entendimento adotado.

Trata-se de manifestação da função nomofilática[15] dialética dos tribunais de cúpula, mas, com o atual Código de Processo Civil, também das Cortes locais. Teresa Arruda Alvim e Bruno Dantas assim explicam a atuação:

> Isso, pensamos, é o pressuposto teórico das modernas correntes que falam em *nomofilaquia dialética* ou *tendencial*, de modo a significarem essas expressões a persecução da unidade do *direito*, e não mais da *lei*, mediante a utilização de processos herme-

15 "A técnica de tutela recursal pluri-individual é mais um capítulo nesse roteiro histórico de fortalecimento da função nomofilática dos recursos dirigidos ao STJ e ao STF, e busca inverter o movimento pendular que conduziu essas Cortes à beira da inviabilidade, dado o brutal volume de demandas que analisam a cada ano.
Estou convencido de que a técnica de tutela recursal pluri-individual representa a explicitação do reconhecimento da função nomofilática do recurso-piloto, mediante o fracionamento do exame dos dois interesses que ele veicula, o interesse público, por um lado, e o interesse individual do recorrente, por outro. Dessa forma, o recurso-piloto, por ser representativo de uma controvérsia jurídica que se repete em múltiplos e idênticos casos, tem a natureza de veículo processual hábil a deflagrar a tutela recursal pluri-individual do STJ e do STF. Por sua vez, a tutela recursal pluri-individual tem natureza jurídica de atividade estatal exercida pelo STF e pelo STJ em atenção à função nomofilática, na qual se busca primariamente dar resposta ao interesse público consistente na definição da questão de direito que subjaz aos múltiplos recursos extraordinários e especiais que repetem idêntica fundamentação jurídica." (DANTAS, Bruno. Comentários aos artigos 976 a 987. In: WAMBIER, Teresa Arruda Alvim et al. [coords.]. *Breves comentários ao novo Código de Processo Civil*. São Paulo: Revista dos Tribunais, 2015. Acesso eletrônico, p. 121).

> nêuticos que auxiliem na investigação da solução mais racional e afinada com preceitos constitucionais. Em outras palavras: utiliza-se um processo dialético para possibilitar ao juiz aferir, entre as múltiplas interpretações possíveis, aquela que melhor equacione a lide[16].

A natureza dessa atividade jurisdicional é objetiva, assemelhando-se a função jurisdicional à de definição de norma geral e abstrata[17]-[18].

Ao analisar o funcionamento do julgamento de casos repetitivos, Fredie Didier e Leonardo Carneiro da Cunha os repartem em dois microssistemas: quanto aos casos pendentes, suspensos quando da instauração do incidente de fixação da tese, a técnica estaria inserida no microssistema de gestão e julgamento de casos repetitivos, enquanto, no tocante aos casos futuros, aos quais se aplicará o entendimento adotado, a sistemática faria parte do microssistema de formação concentrada de precedente obrigatório[19].

A lição é didática, tendo os autores buscado estabelecer as regras atinentes a cada um dos microssistemas mencionados. No entanto, é preferível, por ora, seguir a divisão mencionada anteriormente, entre a fixação da tese e a sua posterior aplicação, vez que facilita a compreensão da dinâmica deste incidente concentrado.

---

16 WAMBIER, Teresa Arruda Alvim; DANTAS, Bruno. *Recurso especial, recurso extraordinário e a nova função dos tribunais superiores no direito brasileiro*. 3ª ed. São Paulo: Revista dos Tribunais, 2016, p. 309.

17 Nesse sentido, afirma-se que "as decisões judiciais passam a ter uma importância não apenas sob o prisma da resolução do caso concreto, mas como fixadoras de padrões de conduta" (MENDES, Aluisio Gonçalves de Castro. *Incidente de resolução de demandas repetitivas*: sistematização, análise e interpretação do novo instituto processual. Rio de Janeiro: Forense, 2017, p. 81).

18 PINHO, Humberto Dalla Bernardina de. *Direito processual civil contemporâneo*. v. 2. São Paulo: Saraiva, 2017, p. 968.

19 DIDIER JR., Fredie; CUNHA, Leonardo Carneiro da. *Curso de direito processual civil*. v. 3. 14ª ed. Salvador: JusPodivm, 2017, p. 674.

Afinal, o incidente de assunção de competência está fora do tratamento das questões repetitivas, apenas compondo a formação concentrada de precedentes (ou precedentes qualificados[20]).

20 OLIVEIRA JR, Zulmar Duarte de. Comentário ao art. 947. In: ______; DELLORE, Luiz; GAJARDONI, Fernando da Fonseca; ROQUE, André. *Execução e recursos* – comentários ao CPC de 2015. 2ª ed. São Paulo: Método, 2018, p. 665.

Capítulo 2

ANTECEDENTES HISTÓRICOS

Embora o ordenamento tenha evoluído bastante quanto aos instrumentos para a tutela processual coletiva, alguns elementos motivadores do microssistema de Processo Coletivo, como a economia processual macroscópica e a segurança jurídica, não foram plenamente satisfeitos, tendo a doutrina buscado outras saídas.

O julgamento de questões comuns é uma resposta específica do legislador para essa questão. Mas, não inédita.

Limitando-nos ao cenário brasileiro, é possível traçar breve retrospectiva histórica acerca dos passos em direção à valorização da jurisprudência uniforme enquanto parâmetro decisório, antecipando o atual delineio recebido pelo incidente de assunção de competência.

2.1. Decreto nº 16.273/1923

O decreto organizador da Justiça do Distrito Federal trazia mecanismos de prevenção e de correção do dissídio jurisprudencial[1].

Para prevenir a divergência, havia o instituto do prejulgado[2]. Caso se desse à lei interpretação diferente daquela conferida pelas câmaras de apelação (cíveis ou criminais) ou quando se previsse a possibilidade de o julgamento seguir rumo diverso de outro anterior, sucedia a reunião das câmaras, para pacificar a questão.

---

1 DIDIER JR., Fredie; CUNHA, Leonardo Carneiro da. *Curso de direito processual civil*. v. 3. 14 ed. Salvador: JusPodivm, 2017, pp. 755-756.

2 Sobre o tema, confira-se: MENDES, Aluisio Gonçalves de Castro. *Incidente de resolução de demandas repetitivas*: sistematização, análise e interpretação do novo instituto processual. Rio de Janeiro: Forense, 2017, p. 238-239.

O art. 103 do decreto assim tratava da matéria:

> Art. 103. Quando a lei receber interpretação diversa nas Camaras de Appellação civel ou criminal, ou quando resultar da manifestação dos votos de uma Camara em um caso *sub judice* que se terá de declarar uma interpretação diversa, deverá a Camara divergente representar, por seu Presidente, ao Presidente da Côrte, para que este, incontinenti, faça a convocação para a reunião das duas Camaras, conforme a materia, fôr civel ou criminal.
>
> § 1º. Reunidas as Camaras e submettida a questão á sua deliberação, o vencido, por maioria, constitue decisão obrigatoria para o caso em apreço e norma aconselhavel para os casos futuros, salvo relevantes motivos de direito, que justifiquem renovar-se identico procedimento de installação das Camaras Reunidas.
>
> § 2º. O accordam será subscripto por todos os membros das Camaras Reunidas e, na sessão que se seguir, a Camara que tenha, provocado o procedimento uniformisador, applicando o vencido aos factos em debate, decidirá a causa, resalvada aos membros das Camaras que se tenham mantido em divergencia a faculdade de fazer refereneia não motivada, aos seus votos, exarados no referido accordam.
>
> § 3º. Para os fins previstos neste artigo, cada Camara terá um livro especial, sob a denominação de "livro dos prejulgados", onde serão inscriptas as ementas dos accordams das Camaras Reunidas, inscripção que será ordenada pelos respectivos presidentes.
>
> § 4º. Em caso de empate na votação, o presidente da sessão de Camaras Reunidas, que será o da Camara que provocou a decisão, submetterá o caso ao Presidente da Côrte, para que este, com precedencia sobre qualquer outro julgamento, submetta a materia á deliberação da mesma Côrte.
>
> § 5º. Serão, sempre, relatores dous desembargadores, um de cada Camara, designado pelo respectivo presidente.
>
> § 6º. Na primeira semana de cada trimestre, o secretario da Côrte providenciará para que seja feita, sob sua directa e pessoal inspecção, a permuta de inscripções entre os livros de prejulgados das Camaras de identica jurisdicção por materia.
>
> § 7º. As normas para confecção desses livros serão estabelecidas pelo Presidente da Côrte de Appellação, que exercerá sobre elles a necessaria inspecção e mandará que sejam franqueados ao publico.

Interessante é que a deliberação constituía decisão obrigatória para os casos concretos em análise e norma aconselhável para os casos futuros, reunidos no "livro de prejulgados". Em existindo relevantes motivos de direito, caberia uma espécie de procedimento de revisão (na verdade, renovava-se o procedimento de reunião de câmaras).

Por outro lado, a correção de entendimentos divergentes se daria pela via do recurso de revista, quando uma câmara firmasse interpretação à lei diversa de outra, e não tendo havido o procedimento de uniformização preventivo já descrito (art. 108, III, *c*):

> Art. 108. Á Côrte de Appellação compete julgar em unica e definitiva instancia: III Os recursos de revista das sentenças definitivas, passadas em julgado, proferidas em gráo de appellação, não submettidas, antes, a seu julgamento, por meio de embargos e tão sómente nos casos seguintes: c) de divergencia, implicando manifesta contradicção na interpretação da lei, entre julgados de Camaras diversas, com identica jurisdicção ratione materiae, desde que ellas não tenham procedido á fixação das normas de uniformização (art. 103).

2.2. Lei nº 319/1936

A norma regulamentadora dos recursos das decisões finais das Cortes de Apelação complementava o tratamento do decreto, novamente garantindo instrumentos preventivos e corretivos.

Podia-se prevenir, a pedido de qualquer juiz, a divergência, por meio de pronunciamento prévio da Corte Plena sobre uma matéria, quando já houvesse ou pudesse haver disparidade de decisões (art. 2º):

> Art. 2º A requerimento de qualquer de seus juizes, a Camara, ou turma julgadora, poderá promover, o pronunciamento prévio da Côrte Plena sobre materia, de que dependa a decisão de algum feito, ou envolvida nessa decisão, desde que reconheça que sobre ella occorre, ou póde ocorrer, divergencia de decisões, ou de jurisprudencia, entre camaras ou turmas.

Uma decisão que contrariasse outra a respeito de mesmo tema ou relação de direito, por outro lado, poderia ser atacada pelo recurso de revista, para a Corte Plena (art. 1º, *a* e *b*):

> Art. 1º Das decisões finaes das Côrtes de Apelação ou de qualquer de suas Camaras ou turmas, caberá, de revista para a Côrte plena:
>
> a) quando contrariar ou divergir de outra decisão, também final, da mesma Côrte, ou de alguma do suas Camaras turmas, sobre a mesma especie ou sobre identica relação direito;
>
> b) quando proferida por alguma ou algumas das Camaras, ou turmas, contrariar interpretação da mesma lei ou do mesmo acto, adoptada pela mesma Côrte, ou normas ella estabelecidas.

2.3. Código de Processo Civil de 1939 (Decreto-lei nº 1.608/1939)

Seguindo a linha dos primeiros diplomas processuais brasileiros, o Código de 1939 também remediava a prevenção da divergência, pela via do pronunciamento prévio de câmaras reunidas sobre tema sobre o qual há contradição atual ou potencial (art. 861):

> Art 861. A requerimento de qualquer de seus juizes, a Câmara, ou turma julgadora, poderá promover o pronunciamento prévio das Câmaras reunidas sobre a interpretação de qualquer norma jurídica, se reconhecer que sobre ela ocorre, ou poderá ocorrer, divergência de interpretação entre Câmaras ou turmas.

A correção, por sua vez, se mantinha no campo do recurso de revista, cujo cabimento autorizava, desde que a interpretação divergente não tivesse, ao tempo da insurgência, já sido pacificada, firmando "jurisprudência uniforme" (art. 853, tanto na redação originária como na reformada[3]):

3 A Lei nº 1.661/52 trouxe pequenas adaptações, mais atinentes à competência para julgamento do recurso que propriamente ao cabimento, objeto de análise.

> Art. 853. Conceder-se-á recurso de revista para as Câmaras Civis reunidas, nos casos em que divergirem, em suas decisões finais, duas (2) ou mais Câmaras, ou turmas, entre si, quanto ao modo de interpretar o direito em tese. Nos mesmos casos, será o recurso extensivo à decisão final de qualquer das Câmaras, ou turmas, que contrariar outro julgado, também final, das Câmaras reunidas.
>
> Parágrafo único. Não será lícito alegar que uma interpretação diverge de outra, quando, depois desta, a mesma Câmara, ou turma, que a adotou, ou as Câmaras reunidas, hajam firmado jurisprudência uniforme no sentido da interpretação contra a qual se pretende reclamar.

2.4. Código de Processo Civil de 1973: incidente de uniformização de jurisprudência

O Código revogado, datado originalmente de 1973, nasceu tímido quanto ao tema, tendo-se optado por não se seguir a herança portuguesa dos "assentos" em razão da preocupação com a separação de poderes[4]. Mesmo assim, inicialmente já previa o incidente de uniformização de jurisprudência, em quatro artigos (do 476 ao 479):

> Art. 476. Compete a qualquer juiz, ao dar o voto na turma, câmara, ou grupo de câmaras, solicitar o pronunciamento prévio do tribunal acerca da interpretação do direito quando:
>
> I – verificar que, a seu respeito, ocorre divergência;
>
> II – no julgamento recorrido a interpretação for diversa da que lhe haja dado outra turma, câmara, grupo de câmaras ou câmaras cíveis reunidas.
>
> Parágrafo único. A parte poderá, ao arrazoar o recurso ou em petição avulsa, requerer, fundamentadamente, que o julgamento obedeça ao disposto neste artigo.

---

4 CAMBI, Eduardo; FOGAÇA, Mateus Vargas. Incidente de resolução de demandas repetitivas no novo Código de Processo Civil. *Revista de Processo*, v. 243, mai. 2015, p. 334.

> Art. 477. Reconhecida a divergência, será lavrado o acórdão, indo os autos ao presidente do tribunal para designar a sessão de julgamento. A secretaria distribuirá a todos os juízes cópia do acórdão.
>
> Art. 478. O tribunal, reconhecendo a divergência, dará a interpretação a ser observada, cabendo a cada juiz emitir o seu voto em exposição fundamentada.
>
> Parágrafo único. Em qualquer caso, será ouvido o chefe do Ministério Público que funciona perante o tribunal.
>
> Art. 479. O julgamento, tomado pelo voto da maioria absoluta dos membros que integram o tribunal, será objeto de súmula e constituirá precedente na uniformização da jurisprudência.
>
> Parágrafo único. Os regimentos internos disporão sobre a publicação no órgão oficial das súmulas de jurisprudência predominante.

O incidente dependia de causa pendente no tribunal, em turma, câmara ou grupo de câmaras – não bastando, para sua instauração, processo em trâmite no órgão especial ou no plenário. A partir dele, o juiz natural solicitava pronunciamento prévio do tribunal a respeito de uma questão jurídica (interpretação do direito).

Tal instrumento, cuja instauração partia, portanto, do julgador (não obstante a parte do processo pudesse requerer, desde que fundamentadamente), seria cabível quando:

a) existisse matéria divergente no âmbito do tribunal;

b) o julgado recorrido contrariasse posição anterior de um colegiado, permitindo a anterior fixação de interpretação por parte da Corte.

Na visão majoritária, tratava-se a instauração do incidente de uma faculdade, o que restringia sua potencialidade[5].

---

5 LEMOS, Vinicius Silva. *O incidente de assunção de competência:* da conceituação à procedimentalidade. Salvador: JusPodivm, 2018, p. 60. Havia corrente, porém, que sustentava a obrigatoriedade (por todos: TUCCI, José Rogério Cruz e. *Precedente judicial como fonte do direito*. São Paulo: Revista dos Tribunais, 2004, p. 120).

A partir daí, lavrava-se um acórdão no órgão fracionário, e se remetia o incidente ao presidente do tribunal, que enviava uma cópia a todos os juízes. No incidente, era ouvido o chefe do Ministério Público naquela Corte, obrigatoriamente.

O resultado, quando por maioria absoluta, deveria constar em súmula, consistindo em "precedente[6] na uniformização da jurisprudência". Nas demais hipóteses, em que não se atingisse esse quórum de julgamento, a posição do órgão que decidia o incidente apenas vinculava o órgão suscitante, para o caso concreto. Tal falta de efeitos prospectivos era mais um elemento a enfraquecer a eficácia do instituto.

Com o advento do CPC/2015, que criou incidentes mais elaborados (IRDR e IAC, sobretudo), os incidentes de uniformização pendentes de julgamento devem ser, de acordo com a doutrina[7] e com a jurisprudência[8], recebidos como uma das novas modalidades, a depender da presença dos requisitos de cabimento.

---

6 Curioso notar, aliás, que se trata da única menção à palavra "precedente" no referido Código, no sentido abordado – um parâmetro interessante para se constatar o ganho de protagonismo da questão no CPC/2015.

7 Enunciado 655 do FPPC: Desde que presentes os requisitos de cabimento, os incidentes de uniformização de jurisprudência pendentes de julgamento na vigência do CPC/2015 deverão ser processados conforme as regras do incidente de resolução de demandas repetitivas ou do incidente de assunção de competência, especialmente as atinentes ao contraditório.

8 INCIDENTE DE UNIFORMIZAÇÃO DE JURISPRUDÊNCIA NO CONFLITO DE COMPETÊNCIA. RECUPERAÇÃO JUDICIAL. EXECUÇÃO FISCAL. PRÁTICA DE ATOS EXECUTÓRIOS CONTRA O PATRIMÔNIO DA RECUPERANDA. LEI Nº 13.043/2014. DIVERGÊNCIA ENTRE AS TURMAS DA PRIMEIRA SEÇÃO E A SEGUNDA SEÇÃO DO STJ. RECONHECIMENTO. SUJEIÇÃO À CORTE ESPECIAL. NECESSIDADE. INCIDENTE NÃO CONHECIDO POR RAZÕES DE CONVENIÊNCIA. OBSERVÂNCIA, DE OFÍCIO, DA PROVIDÊNCIA CONTIDA NO ART. 16 DO RISTJ. AFETAÇÃO À CORTE ESPECIAL PARA DIRIMIR O MÉRITO DA DIVERGÊNCIA JURISPRUDENCIAL.

1. O presente incidente de uniformização de jurisprudência, suscitado pela Fazenda Nacional no bojo do Conflito de Competência nº 144.433/GO durante a vigência do Código de Processo Civil/1973, em tese, poderia ser admitido, observando-se, quanto ao seu cabimento, as regras então dispostas pela lei adjetiva civil anterior. Todavia, em juízo de ponderação, quanto à conveniência

É interessante perceber que, no anteprojeto do Código de Processo Civil de 1973, desenhado por Alfredo Buzaid, o decidido no incidente de uniformização constaria em assento, baixado pelo presidente do tribunal, o qual geraria efeitos após quarenta e cinco dias da publicação oficial. A previsão, amplamente criticada

em se instaurar um procedimento que não mais guarda previsão na lei adjetiva civil, afigura-se possível aventar a adoção de outras providências, que, a um só tempo, atendam à postulação e ao direito da parte de prevenir/encerrar a divergência jurisprudencial aventada. 2. A Corte Especial, em 19/09/2012, em Questão de Ordem suscitada no Conflito de Competência nº 120.432/SP, fixou a competência da Segunda Seção do STJ "para julgamento, não apenas do presente conflito, mas de todos os que envolvam recuperação judicial e execução fiscal ajuizada contra a empresa recuperanda, nos termos do art. 9º, § 2º, IX, do RISTJ". Embora se pudesse inferir, de sua extensão, em cotejo com a fundamentação, a conclusão de que a competência da Segunda Seção abrangeria toda e qualquer questão que, no âmbito de uma execução fiscal, repercutisse na recuperação judicial da executada o que, ressalta-se, se me afigura a melhor interpretação não foi isso o que se sucedeu na prática. 2.1 Na prática, a competência da Segunda Seção definida, naturalmente, pela matéria a ela relacionada, e não por um determinado incidente, ficou restrita ao conhecimento e julgamento dos conflitos de competência, nos quais se têm, como juízos suscitados, o da recuperação judicial, de um lado, e o da execução fiscal, do outro.

Já os recursos especiais oriundos de execuções fiscais, ainda que a questão subjacente repercutisse na recuperação judicial, continuaram a ser distribuídos e julgados pela Primeira Seção. 3. A partir do enfoque dado, próprio do viés hermenêutico de cada Seção, sobreveio, em questão de fundo, manifesta divergência jurisprudencial entre as Seções. 3.1 A Segunda Turma, integrante da Primeira Seção, em recurso especial advindo de execução fiscal, perfilha o entendimento de que "a execução fiscal não se suspende pelo deferimento da recuperação judicial, permitindo-se a realização de atos constritivos, máxime quando evidenciada a inércia da empresa recuperanda em adotar as medidas necessárias à suspensão da exigibilidade dos créditos tributários, em especial, por meio do parcelamento especial disciplinado pelo art. 10-A da Lei nº 10.522/2002, incluído pela Lei 13.043/2014" (ut REsp 1.673.421/RS, Rel. Min. Herman Benjamin, Segunda Turma, julgado em 17/10/2017, DJe 23/10/2017). 3.2 A Segunda Seção, diversamente, em conflito de competência entre os juízos da recuperação judicial e da execução fiscal, reconhece a competência do primeiro, assentando que, embora a execução fiscal não se suspenda, os atos de constrição e de alienação de bens voltados contra o patrimônio social das sociedades empresárias submetem-se ao juízo universal, em homenagem ao princípio da conservação da empresa. A Seção de Direito

pela doutrina por conta de suposta inconstitucionalidade – a exemplo do que acabou sendo reconhecido em Portugal, de onde oriundo o instituto, acabou abandonada no processo legislativo[9].

2.5. Código de Processo Civil de 1973 (reformado pela Lei nº 10.352/2001): incidente de relevante questão de direito ou de assunção de competência

Posteriormente[10], na reforma de dezembro de 2001 (Lei nº 10.352/2001), foi acrescentado à codificação o incidente de relevante

Privado do STJ perfilha o posicionamento, ainda, de que a edição da Lei nº 13.043/2014 que acrescentou o art. 10-A à Lei nº 10.522/2002 e disciplinou o parcelamento de débitos de empresas em recuperação judicial não descaracteriza o conflito de competência, tampouco tem o condão de alterar o entendimento jurisprudencial destacado, conforme decidiu a Segunda Seção por ocasião do julgamento do AgRg no CC 136.130/SP, Relator o Ministro Raul Araújo, Relator p/ Acórdão Ministro Antonio Carlos Ferreira, Segunda Seção, julgado em 13/05/2015, DJe 22/06/2015.
4. A divergência de posicionamento entre a Segunda Seção e as Turmas que integram a Primeira Seção é manifesta, o que, do ponto de vista da segurança jurídica e da isonomia, afigura-se absolutamente temerário, notadamente em atenção ao papel atribuído constitucionalmente ao Superior Tribunal de Justiça de uniformizar a jurisprudência nacional na interpretação da legislação federal.
5. Por razões de conveniência, não se conhece do Incidente de Uniformização Jurisprudencial e, de ofício, em atenção à providência contida no art. 16 do RISTJ, determina-se a afetação à Corte Especial do julgamento do presente conflito de competência para prevenir/dissipar a divergência jurisprudencial destacada no âmbito do STJ.
(IUJur no CC 144.433/GO, Rel. Min. Marco Aurélio Bellizze, Segunda Seção, julgado em 14/03/2018).

9 BARBOSA MOREIRA, José Carlos. Súmula, jurisprudência, precedente: uma escalada e seus riscos. In: ______. *Temas de direito processual*: nona série. São Paulo: Saraiva, 2007, p. 301.

10 Outras reformas valorizaram a jurisprudência, no bojo do CPC revogado. Cite-se, como exemplo, a ampliação dos poderes do relator com base em súmula ou jurisprudência dominante (art. 557, na redação dada pela Lei nº 9.756/1998) e a exceção à remessa necessária quando a sentença coincidisse com jurisprudência do plenário do STF ou súmula de tribunal (art. 475, §3º, incluído pela Lei nº 10.352/2001).

questão de direito[11] ou de assunção de competência[12], expediente de afetação de julgamento[13] ou, ainda, uniformização de jurisprudência preventiva[14], no art. 555, §1º, importando para o diploma processual geral previsão existente nos regimentos internos do Supremo Tribunal Federal (STF) e do Superior Tribunal de Justiça (STJ).

Era esta a dicção legal:

> Art. 555. No julgamento de apelação ou de agravo, a decisão será tomada, na câmara ou turma, pelo voto de 3 (três) juízes.
>
> § 1º Ocorrendo relevante questão de direito, que faça conveniente prevenir ou compor divergência entre câmaras ou turmas do tribunal, poderá o relator propor seja o recurso julgado pelo órgão colegiado que o regimento indicar; reconhecendo o interesse público na assunção de competência, esse órgão colegiado julgará o recurso.

Voltava-se aos julgamentos de apelações e agravos[15] que envolvessem "relevante questão de direito", permitindo que o relator remetesse o recurso para órgão especificamente indicado pelo regimento interno.

---

11 FUX, Luiz. *Curso de direito processual civil*. v. 1. 4ª ed. Rio de Janeiro: Forense, 2008. Acesso eletrônico.

12 Há quem considere se tratar de apenas mais uma hipótese de cabimento do incidente de uniformização de jurisprudência (DIDIER JR., Fredie; CUNHA, Leonardo Carneiro da. *Curso de direito processual civil*. v. 3. 14ª ed. Salvador: JusPodivm, 2017, p. 757).

13 PINHO, Humberto Dalla Bernardina de. *Manual de direito processual civil contemporâneo*. São Paulo: Saraiva, 2019, p. 1.253.

14 BUENO, Cássio Scarpinella. *Processo civil interpretado*. 3ª ed., v. 5. São Paulo: Saraiva, 2008, p. 413.

15 Entendendo que a menção era exemplificativa: FUX, Luiz. *Curso de direito processual civil*. v. 1. 4ª ed. Rio de Janeiro: Forense, 2008. Acesso eletrônico. Em sentido contrário: GAIO JÚNIOR, Antônio Pereira. Os perfis do incidente de assunção de competência no CPC/2015. In: GAIO JÚNIOR, Antônio Pereira (org.). *Direito processual em movimento* – v. VIII. Curitiba: CRV, 2019, p. 18.

Tal instituto igualmente ostentava caráter preventivo – dialogando com o atual incidente de assunção de competência[16], bem mais extensamente delineado pelo Código Fux.

Barbosa Moreira apontava como vantagem desse instituto, em comparação com o anterior, o fato de o órgão solucionar a questão jurídica e o caso concreto, o que acelerava o procedimento[17].

Para além dessa diferença, aponta Sidnei Beneti[18] as seguintes: disparidade de órgão julgador (a depender do regimento interno do tribunal) e maior amplitude do incidente de assunção, com caráter preventivo.

2.6. Regimento interno do Superior Tribunal de Justiça: remessa à Corte Especial ou à Seção Especializada

Em termos históricos, já existia interessante previsão no regimento interno do STJ, ao tratar da competência da Corte Especial (art. 16, IV) e das Seções Especializadas (art. 14, II):

> Art. 16. As Seções e as Turmas remeterão os feitos de sua competência à Corte Especial: (...)
>
> IV – quando convier pronunciamento da Corte Especial em razão da relevância da questão jurídica, ou da necessidade de prevenir divergência entre as Seções.
>
> (...)
>
> Art. 14. As Turmas remeterão os feitos de sua competência à Seção de que são integrantes: (...)

---

16 A propósito, a nomenclatura do referido incidente é herança do seu antecessor, já que o CPC/1973 falava em "interesse público na assunção de competência".

17 BARBOSA MOREIRA, José Carlos Barbosa Moreira. *Comentários ao código de processo civil.* 16ª ed. Rio de Janeiro: Forense, 2011, p. 653. No mesmo sentido: DIDIER JR., Fredie; CUNHA, Leonardo Carneiro da. *Curso de direito processual civil.* v. 3. 14ª ed. Salvador: JusPodivm, 2017, p. 756.

18 BENETI, Sidnei Agostinho. Assunção de competência e *fast-track* processual. *Revista de Processo,* v. 171, mai. 2009, pp. 9-23.

> II – quando convier pronunciamento da Seção, em razão da relevância da questão, e para prevenir divergência entre as Turmas da mesma Seção.

Percebe-se que a Corte da Cidadania se preocupa, há tempos, com a existência de um proceder voltado à uniformização do entendimento, atenta à sua missão constitucional de pacificar a interpretação da legislação federal. Opta-se pelo reconhecimento da competência do órgão especializado ou máximo, a Seção ou a Corte Especial, respectivamente, quando for conveniente, tanto por conta da relevância da matéria como para prevenir que sejam prolatadas decisões díspares sobre uma questão no próprio tribunal, em turmas ou seções diversas.

Não existe qualquer restrição na previsão a respeito de se tratar de questão controvertida fática ou jurídica no âmbito do incidente para as Seções Especializadas, mas, como a cognição recursal do Superior Tribunal de Justiça não contempla, na maioria dos casos[19], o revolvimento do conjunto de fatos reconhecido pelas instâncias ordinárias, em geral as discussões recairão sobre aspectos de direito.

Por fim, é de se ressaltar que as previsões anteriormente introduzidas no CPC/1973 e no Regimento Interno do Superior Tribunal de Justiça careciam de um elemento fundamental que era o efeito vinculativo dos respectivos pronunciamentos[20]. Contudo, com a edição do Código de Processo Civil de 2015, o Incidente de

---

19 Embora haja a possibilidade, por exemplo, no âmbito do recurso ordinário ou do recurso em *habeas corpus*.

20 "O incidente de assunção de competência tem como origem remota o incidente de uniformização de jurisprudência, disciplinado nos arts. 476 e ss. do CPC/1973, a assunção de competência do art. 555, § 1º, do CPC/1973 e a remessa de processo ao órgão colegiado de maior envergadura, prevista no art. 16, IV, do RISTJ. De fato, assim como aqueles que o precederam, referido incidente tem por objetivo assegurar a celeridade processual, garantida pela existência de julgamentos uniformes e exaurientes das possíveis argumentações suscitadas pelos interessados.

Assunção de Competência recebe a força necessária para o reforço da sua utilidade, com o estabelecimento da observância necessária pelos tribunais, no âmbito horizontal e vertical.

A inovação do CPC/2015 consiste, no entanto, na percepção de que essas uniformização e abrangência concentradas em um só julgado do órgão competente de composição mais ampla impedem que casos idênticos tenham decisões discrepantes e, além disso, desestimulam a recorribilidade a respeito de uma específica questão de direito, criando segurança jurídica" (ProAfR no REsp 1.610.728/RS, Rel. Min. Nancy Andrighi, Segunda Seção, julgado em 10/04/2018).

Capítulo 3

NATUREZA JURÍDICA

3.1. Critério formal

Há de se indagar qual é a natureza jurídica do procedimento previsto para os incidentes fixadores de tese sob o prisma formal, isto é, a que título se insere no curso processual.

Diferenciam-se[1] o incidente processual e o processo incidental, sendo verificável que, embora ambos dependam da existência de um processo em curso para que possam ser instaurados, naquele, não é criada nova relação jurídica processual, enquanto, neste, inicia-se um novo processo.

Pode-se conceituar incidente processual como manifestações que impugnam uma decisão dentro do próprio processo e durante seu curso, para que sobre ela se manifeste um órgão colegiado, diferenciando-o de ações autônomas, que instauram outro processo. A nova relação jurídica processual formada possuirá, então, petição inicial, citação do réu, contestação, produção de provas e sentença[2].

Cândido Rangel Dinamarco e Bruno Vasconcelos Lopes conceituam incidente processual como o "conjunto de atos formalmente coordenados a serem realizados no curso do processo. É um pequeno procedimento inserido no contexto do procedimento

---

1 TESHEINER, José Maria Rosa. Sobre o assim chamado incidente de resolução de demandas repetitivas. Revista *Páginas de Direito*, Porto Alegre, ano 16, nº 1.327, 10 de agosto de 2016. Disponível em: <http://www.tex.pro.br/index.php/artigos/340-artigos-ago-2016/7699-sobre-o-assim-chamado-incidente-de-resolucao-de-demandas-repetitivas.>

2 PINHO, Humberto Dalla Bernardina de. *Direito processual civil contemporâneo*. v. 2. São Paulo: Saraiva, 2017, p. 807.

maior"[3], do qual são exemplos os incidentes de desconsideração da personalidade jurídica e de arguição de inconstitucionalidade[4].

Marcos Cavalcanti de Araújo[5] traz quatro elementos caracterizadores de um incidente processual, todos presentes no IRDR e, pela simetria aqui defendida, nos demais incidentes que fixam teses:

a) Acessoriedade (depender de outro processo);

b) Acidentalidade (um desvio no curso regular do processo que o origina);

c) Incidentalidade (incidir sobre outros processos);

d) Procedimento incidental (existência de procedimento específico).

Esse último elemento (procedimento incidental) é tido, inclusive, por uma parcela de autores, como a própria natureza jurídica do incidente de resolução de demandas repetitivas e, por conseguinte, dos demais incidentes. Nessa linha, reputa-se o IRDR um procedimento incidental autônomo de caráter objetivo[6] (meio

---

3 DINAMARCO, Cândido Rangel; LOPES, Bruno Vasconcelos Carrilho. *Teoria geral do novo processo civil*. 2ª ed. São Paulo: Malheiros, 2017, p. 241.

4 "A arguição de inconstitucionalidade constitui incidente processual por meio do qual se cinde a competência funcional do tribunal para a apreciação de questão prejudicial de inconstitucionalidade. Acolhida a arguição, o recurso ou a causa em que suscitado o incidente será julgado por dois órgãos diversos. Em primeiro lugar, caberá ao plenário ou ao órgão especial do tribunal, onde houver, pronunciar-se exclusivamente sobre a alegação de inconstitucionalidade. Em seguida, devolvido o processo ao órgão fracionário competente, este julgará o mérito da causa ou do recurso, respeitando a decisão do pleno ou do órgão especial" (PANTOJA, Fernanda Medina. Comentário ao artigo 948. In: WAMBIER, Teresa Arruda Alvim et al. [Coords.]. *Breves comentários ao novo Código de Processo Civil*. São Paulo: Revista dos Tribunais, 2015. Acesso eletrônico).

5 CAVALCANTI, Marcos de Araújo. *Incidente de resolução de demandas repetitivas [IRDR]*. São Paulo: Revista dos Tribunais, 2016. Acesso eletrônico.

6 MENDES, Aluisio Gonçalves de Castro. *Incidente de resolução de demandas repetitivas:* sistematização, análise e interpretação do novo instituto processual. Rio de Janeiro: Forense, 2017, pp. 104-105.

processual objetivo[7]) somente, já que se restringe a questões jurídicas (art. 976, I), não fica comprometido pela desistência da causa (art. 976, §1º) e, na sua percepção, não julga a causa piloto. O IAC segue a mesma linha, como esclarece o regimento interno do STJ.

Rodolfo de Camargo Mancuso também o enxerga como um procedimento incidental, vez que não se trata de ação, por ser instaurado por meio de um pedido, e não de petição inicial, e que dispensa pagamento de custas, inexistindo sucumbência. Conclui o autor tratar-se de incidente de caráter objetivo[8].

Os incidentes em estudo, no entanto, guardam particularidade: a ruptura com o fato de o incidente processual se basear em relação processual de duas partes (autor e réu), aproximando-se do inovador modelo de procedimentos paralelos[9].

Com efeito, a dessubjetivação intrínseca à primeira etapa do procedimento incidental, na qual se fixa a tese sem relação direta com os casos afetados para posterior julgamento, aproxima sua natureza jurídica do processo incidental, instaurando espécie de nova relação jurídica. Essa quase vida própria motiva um segundo grupo de autores a classificar o IRDR como um processo incidental[10].

No entanto, os incidentes de julgamento de questões repetitivas não constituem processo autônomo, não se lhes aplicando o rompimento da inércia da jurisdição por meio de uma petição

---

7 TEMER, Sofia. *Incidente de resolução de demandas repetitivas*. Salvador: JusPodivm, 2016, p. 87.

8 MANCUSO, Rodolfo de Camargo. *Incidente de resolução de demandas repetitivas:* a luta contra a dispersão jurisprudencial excessiva. São Paulo: Revista dos Tribunais, 2016, p. 221.

9 MENDES, Aluisio Gonçalves de Castro. Ob. cit.

10 TESHEINER, José Maria Rosa. Sobre o assim chamado incidente de resolução de demandas repetitivas. Revista *Páginas de Direito*, Porto Alegre, ano 16, nº 1327, 10 de agosto de 2016. Disponível em: <http://www.tex.pro.br/index.php/artigos/340-artigos-ago-2016/>.

inicial[11], sempre a exigir prévio processo judicial para que seja instaurado[12]. Este elemento – a acessoriedade – é decisivo para a classificação. Como observa Bruno Dantas, tampouco há avocação de competência ou nova relação processual[13].

Os incidentes de julgamento de questões comuns, no entanto, guardam certa autonomia[14] quanto aos processos nos quais se discute a questão objeto do incidente, vez que se tratam de procedimentos objetivos, que podem ser provocados e instaurados por iniciativa oficial e até diante da contrariedade das partes. Volta a se relacionar com estas, porém, após a fixação da tese: a sistemática de sua aplicação aos processos suspensos ocorre incidentalmente em cada um dos processos.

Resta clara, portanto, a existência de dois procedimentos[15]: aquele do processo suspenso (e, eventualmente, afetado) – de

---

11 CAVALCANTI, Marcos de Araújo. *Incidente de resolução de demandas repetitivas [IRDR]*. São Paulo: Revista dos Tribunais, 2016. Acesso eletrônico.

12 BECKER, Rodrigo; TRIGUEIRO, Victor. O novo incidente de assunção de competência e o STJ. *Jota*. Disponível em: <https://www.jota.info/opiniao-e-analise/colunas/coluna-cpc-nos-tribunais/o-novo-incidente-de-assuncao-de-competencia-e-o-stj-15122016>. Acesso em: 22 jun. 2019.

13 DANTAS, Bruno. Comentários aos artigos 976 a 987. In: WAMBIER, Teresa Arruda Alvim et al. (Coords.). *Breves comentários ao novo Código de Processo Civil.* São Paulo: Revista dos Tribunais, 2015. Acesso eletrônico.

14 "*Incidentes processuais*, de modo geral, são fenômenos jurídicos-processuais que ocorrem em momento diferenciado na marcha do processo, designados a auxiliar o seu devido trânsito, aprimorando o resultado final na aplicação do método. Quanto ao IRDR, especificamente, dada a complexidade existente no contexto de multiplicação de litígios e na forma de resolver esta situação por meio do processo, o legislador optou por disciplinar um *procedimento separado* e *autônomo*. A separação e autonomia do procedimento incidental restringe-se à sua estrutura, pois sua funcionalidade (resultado obtido ao final) acarretará efeitos no processo principal" (DANTAS, Bruno. Comentários aos artigos 976 a 987. In: WAMBIER, Teresa Arruda Alvim et al. [Coords.]. *Breves comentários ao novo Código de Processo Civil. São Paulo: Revista dos Tribunais*, 2015. Acesso eletrônico).

15 CUNHA, Leonardo Carneiro da. O regime processual das causas repetitivas. *Revista de Processo*, v. 179, jan. 2010. Acesso eletrônico.

índole subjetiva – e aquele do incidente, voltado à fixação da tese e à criação do "precedente" – de natureza objetiva.

Tal raciocínio se aplica às duas espécies de julgamento de casos repetitivos, e ao incidente preventivo (IAC).

Não se pode deixar de mencionar que existe entendimento em sentido diverso, considerando que o incidente de assunção de competência (apesar da nomenclatura) e o julgamento de recursos repetitivos são *técnicas de julgamento*, e não incidentes propriamente, já que, neles, há julgamento do caso concreto, para além da pacificação da questão jurídica[16].

3.2. Critério material

No incidente de assunção de competência, a discussão, que é acirrada no IRDR, ganha outros contornos. Isso porque o tratamento legal é mais sintético, porém aborda a questão da competência e, sobretudo, da remessa do processo (originário, recurso ou remessa necessária) ao órgão colegiado (art. 947, §1º):

---

16 "Apesar da nomenclatura que lhe foi dada, o Incidente de Assunção de Competência não possui natureza jurídica de incidente processual. (...) Nessa perspectiva, entendemos que o Incidente de Assunção de Competência é uma técnica de julgamento, tal qual a modalidade repetitiva a ser usada nos recursos especial e extraordinário repetitivos. Esse procedimento, a nosso ver, melhor espelha a natureza jurídica desse instituto. O Superior Tribunal de Justiça ou o Supremo Tribunal Federal, responsáveis pelo julgamento de um recurso especial ou extraordinário repetitivo, decidirão a controvérsia presente no caso concreto. O recurso paradigma, após a decisão de afetação, terá seu mérito julgado pelo tribunal superior, e essa decisão terá efeito vinculante pro futuro. No Incidente de Assunção de Competência, em que pese não ser utilizado para solução de casos repetitivos, o tribunal também decidirá o caso concreto. Trata-se de técnica de julgamento para casos que versarem a respeito de relevante questão de direito, com grande repercussão social, sem repetição em múltiplos processos" (ABBOUD, Georges; FERNANDES, Ricardo Yamin. Requisitos legais para a instauração do incidente de Assunção de Competência. *Revista de Processo,* v. 279, mai. 2018).

> Art. 947.
> § 1º Ocorrendo a hipótese de assunção de competência, o relator proporá, de ofício ou a requerimento da parte, do Ministério Público ou da Defensoria Pública, que seja o recurso, a remessa necessária ou o processo de competência originária julgado pelo órgão colegiado que o regimento indicar.

Embora se possa defender que o primordial no incidente preventivo seja, a exemplo dos incidentes repressivos, fixar uma tese jurídica que pacifique a questão jurídica e deva ser aplicada pelos órgãos julgadores futuros, é indiscutível que o legislador optou, expressamente, pela sistemática da causa piloto[17].

Tal natureza não é inédita: com o advento do incidente de questão relevante ou de assunção de competência no CPC/1973 (art. 555, §1º), se abandonou a sistemática do incidente anterior (de uniformização de jurisprudência), mais burocrática, em que havia cisão cognitiva: o colegiado destacado apenas julgava a questão jurídica, e o originário a aplicava.

Basta ver que se apontava como vantagem desse instituto, em comparação com o anterior, exatamente o fato de o órgão solucionar a questão jurídica e o caso concreto, o que acelerava o procedimento[18].

Mantendo essa linha, portanto, o CPC/2015 outorga competência para o órgão eleito no regimento interno para julgar o caso concreto, em inegável opção legislativa, a ser respeitada.

Como bem sintetiza Osmar Paixão Côrtes, o incidente importa em afetação (do caso concreto) e em vinculação (à tese jurídica):

> "A assunção, à luz do novo CPC, importa, ao mesmo tempo, em afetação e vinculação (grande novidade da nova legislação). Afetação, pois a tese identificada como relevante pelo relator será apreciada por órgão colegiado soberano e competente con-

---

17 MARINONI, Luiz Guilherme. Sobre o Incidente de Assunção de Competência. *Revista de Processo*, v. 260, out. 2016.

18 BARBOSA MOREIRA, José Carlos Barbosa Moreira. *Comentários ao Código de Processo Civil*. 16ª ed. Rio de Janeiro: Forense, 2011, p. 653.

> soante o Regimento Interno do tribunal e vinculação, porque, por regra, a decisão colegiada vinculará os juízes e órgão fracionários do respectivo tribunal em decisões futuras. Identificando, o relator (ou as partes, o Ministério Público e a Defensoria Pública), que determinado processo envolve relevante questão de direito com grande repercussão social, poderá ter início o incidente. O atual CPC valorizou o incidente que poderá ser aplicado em qualquer tribunal a partir de qualquer recurso, remessa necessária ou processo de competência originária (o CPC de 1973 limitava-se à apelação e ao agravo)."[19]

Nem por isso, se deixa de questionar a escolha legal, já que, a exemplo do que ocorre nos incidentes repressivos, o primordial é a fixação da tese jurídica com caráter vinculativo, elemento substancialmente novo do IAC. Assim, em havendo desistência do recurso ou do processo de competência originária, deve ser aplicado o regramento do art. 976, §1º, garantindo ao tribunal decidir sobre a questão jurídica controvertida e/ou de repercussão social reconhecida[20], como expressamente definido pelo regimento interno do Superior Tribunal de Justiça (art. 271-B, §2º) e pela doutrina[21], se a questão se mantiver relevante para a resolução de outros casos pendentes.

---

19 CÔRTES, Osmar Mendes Paixão. Comentário ao artigo 947. In: WAMBIER, Teresa Arruda Alvim et al. (Coords.). *Breves comentários ao novo Código de Processo Civil.* São Paulo: Revista dos Tribunais, 2015. Acesso eletrônico.

20 No mesmo sentido: LEMOS, Vinicius Silva. *O incidente de assunção de competência:* da conceituação à procedimentalidade. Salvador: JusPodivm, 2018, pp. 78-80.

21 Enunciado 65 da I Jornada de Direito Processual Civil do CJF: A desistência do recurso pela parte não impede a análise da questão objeto do incidente de assunção de competência.

Capítulo 4

COMPETÊNCIA

A questão da competência[1] para julgamento do incidente de assunção de competência é bem mais tranquila que no incidente de resolução de demandas repetitivas. Existe quase que um consenso quanto ao seu cabimento tanto nos tribunais locais, inclusive os de jurisdição especializada – trabalhistas, por exemplo[2] – como nas cortes de cúpula[3].

Isso porque inexiste incompatibilidade entre sua finalidade (fixar tese sobre matéria sem efetiva repetição nos tribunais) e a dos incidentes repressivos (fixar tese sobre matéria com efetiva repetição), mas complementariedade. Ademais, o enxuto regramento conferido pelo legislador (art. 947) não refuta a possibilidade.

---

1 Conforme salientado outrora, "a competência é tema básico da teoria geral do processo e do direito processual civil. Sem o seu conhecimento e aprendizado, toda a matéria restante ficará, no mínimo, sob o risco de seguir caminhos errantes" (MENDES, Aluisio Gonçalves de Castro. *Competência cível da justiça federal*. 4ª ed. São Paulo: Revista dos Tribunais, 2012, p. 19).

2 Enunciado 167 do FPPC: Os tribunais regionais do trabalho estão vinculados aos enunciados de suas próprias súmulas e aos seus precedentes em incidente de assunção de competência ou de resolução de demandas repetitivas.
Enunciado 335 do FPPC: O incidente de assunção de competência aplica-se ao processo do trabalho.

3 DIDIER JR., Fredie; CUNHA, Leonardo Carneiro da. *Curso de direito processual civil*. v. 3. 14ª ed. Salvador: JusPodivm, 2017, p. 759; NEVES, Daniel Amorim Assumpção. *Novo Código de Processo Civil – Lei 13.105/2015*. 2ª ed. Rio de Janeiro: Forense, 2015, p. 497; MEDINA, José Miguel Garcia. *Novo Código de Processo Civil comentado*. 5ª ed. São Paulo: Revista dos Tribunais, 2017; LEMOS, Vinicius Silva. *O incidente de assunção de competência:* da conceituação à procedimentalidade. Salvador: JusPodivm, 2018, p. 82. No mesmo sentido, o enunciado 468 do FPPC: O incidente de assunção de competência aplica-se em qualquer tribunal.

Tanto assim que o Superior Tribunal de Justiça possui alguns incidentes de assunção de competência admitidos[4], bem como regramento específico em seu regimento interno sobre a tramitação (arts. 271-B a 271-G, acrescidos pela Emenda Regimental 24/2016), diversamente do que ocorre com o IRDR, a respeito do qual só há menção à suspensão nacional dos processos, em conformidade com o CPC.

A leitura do tratamento procedimental regimental da Corte da Cidadania é de enorme importância, inclusive:

> Art. 271-B. O relator ou o Presidente proporá, de ofício ou a requerimento da parte, do Ministério Público ou da Defensoria Pública, na forma preconizada pelo Capítulo II-B do Título IX da

---

4 O primeiro IAC julgado pela Corte da Cidadania versou sobre o direito intertemporal e a prescrição intercorrente prevista no Código de 2015: Recurso Especial. Incidente de assunção de competência. Ação de execução de título extrajudicial. Prescrição intercorrente da pretensão executória. Cabimento. termo inicial. Necessidade de prévia intimação do credor-exequente. Oitiva do credor. inexistência. Contraditório desrespeitado. Recurso especial provido. 1. As teses a serem firmadas, para efeito do art. 947 do CPC/2015 são as seguintes: 1.1 Incide a prescrição intercorrente, nas causas regidas pelo CPC/1973, quando o exequente permanece inerte por prazo superior ao de prescrição do direito material vindicado, conforme interpretação extraída do art. 202, parágrafo único, do Código Civil de 2002. 1.2 O termo inicial do prazo prescricional, na vigência do CPC/1973, conta-se do fim do prazo judicial de suspensão do processo ou, inexistindo prazo fixado, do transcurso de um ano (aplicação analógica do art. 40, § 2º, da Lei 6.830/1980). 1.3 O termo inicial do art. 1.056 do CPC/2015 tem incidência apenas nas hipóteses em que o processo se encontrava suspenso na data da entrada em vigor da novel lei processual, uma vez que não se pode extrair interpretação que viabilize o reinício ou a reabertura de prazo prescricional ocorridos na vigência do revogado CPC/1973 (aplicação irretroativa da norma processual). 1.4. O contraditório é princípio que deve ser respeitado em todas as manifestações do Poder Judiciário, que deve zelar pela sua observância, inclusive nas hipóteses de declaração de ofício da prescrição intercorrente, devendo o credor ser previamente intimado para opor algum fato impeditivo à incidência da prescrição. 2. No caso concreto, a despeito de transcorrido mais de uma década após o arquivamento administrativo do processo, não houve a intimação da recorrente a assegurar o exercício oportuno do contraditório. 3. Recurso especial provido." (REsp 1.604.412/SC, Rel. Min. Marco Aurélio Bellizze, Segunda Seção, julgado em 27/06/2018).

Parte I do Regimento Interno, mediante decisão irrecorrível, a assunção de competência de julgamento de recurso, de remessa necessária ou de processo de competência originária que envolver relevante questão de direito, com grande repercussão social, sem repetição em múltiplos processos.

§ 1º A Corte Especial ou a Seção, conforme o caso, admitirá o recurso, a remessa necessária ou o processo de competência originária se reconhecer interesse público na assunção de competência.

§ 2º A desistência ou o abandono do processo não impedem o exame do mérito.

§ 3º Se não for o requerente, o Ministério Público intervirá obrigatoriamente no processo e deverá assumir sua titularidade em caso de desistência ou de abandono.

Art. 271-C. Na decisão que determinou a assunção de competência, o relator ou o Presidente identificará com precisão a questão a ser submetida a julgamento.

Art. 271-D. O relator ou o Presidente ouvirá as partes e os demais interessados, inclusive pessoas, órgãos e entidades com interesse na controvérsia, que, no prazo comum de quinze dias, poderão requerer a juntada de documentos, bem como as diligências necessárias para a elucidação da questão de direito controvertida; em seguida, manifestar-se-á o Ministério Público Federal no mesmo prazo.

§ 1º A fim de instruir o procedimento, pode o Presidente ou o relator, nos termos dos arts. 185 e 186 deste Regimento, fixar data para ouvir pessoas ou entidades com experiência e conhecimento na matéria em audiência pública.

§ 2º Concluídas as diligências, o Presidente ou o relator solicitará dia para julgamento do processo.

Art. 271-E. No julgamento do incidente de assunção de competência, a Corte Especial e as Seções se reunirão com o quorum mínimo de dois terços de seus membros

Art. 271-F. O acórdão deverá ser redigido nos termos do art. 104-A deste Regimento.

Art. 271-G. O acórdão proferido, em assunção de competência, pela Corte Especial vinculará todos os órgãos do Tribunal e, pela Seção, vinculará as Turmas e Ministros que a compõem, exceto se houver revisão de tese. Parágrafo único. O Superior

> Tribunal de Justiça manterá, em sua página na internet, em destaque, relação dos incidentes de assunção de competência pendentes de julgamento e julgados, com a indicação da respectiva descrição da questão de direito e com o número sequencial do incidente.

Há que se preocupar, apenas, com a competência constitucional do tribunal de cúpula. Tratando-se de "restrição implícita", não poderia, nessa linha, o Superior Tribunal de Justiça decidir sobre questão jurídica constitucional, por meio de IAC, fora dos moldes do art. 105, III, da Constituição Federal:

> Como se vê, é amplo o campo de instauração de referido incidente, alcançando toda a matéria submetida à competência recursal e originária dos Tribunais.
>
> Há nessa previsão, todavia, uma restrição implícita: se a matéria submetida ao Incidente de Assunção de Competência deve ser de competência do Tribunal, são estreitas as matérias capazes de serem submetidas ao referido incidente quando instaurado pelo Superior Tribunal de Justiça.
>
> De fato, conforme previsto no art. 257-A, § 1º, do RISTJ, é preciso, antes da afetação, observar se o "*processo veicula matéria de competência do STJ*" e se o processo ou recurso "*não possui vício grave que impeça o seu conhecimento*".
>
> Nesse contexto, nada impede que esta Corte instaure o Incidente de Assunção de Competência em relação a qualquer matéria no exercício de sua competência recursal ordinária – prevista no art. 105, II, da CF – ou de sua competência originária – prevista no art. 105, I, da CF/1988 –, pois a abrangência das atribuições do STJ nessas hipóteses é irrestrita.
>
> Existe, todavia, peculiaridade a ser observada no que se refere ao cabimento de referido incidente na sede recursal extraordinária do recurso especial.
>
> Realmente, em contraste com aptidão dos graus ordinários de jurisdição para instaurar o incidente em questão quanto a qualquer matéria de direito, o exercício da competência recursal extraordinária desta Corte é delimitado pelo disposto no art. 105, III, da CF/1988.
>
> Em razão da vinculada fundamentação do apelo especial, o incidente somente pode ser instaurado nessa sede recursal ex-

> traordinária quando o recurso se referir ao julgamento de matérias relacionadas *a)* à contrariedade ou negativa de vigência de tratado ou lei federal; *b)* ao julgamento de validade de ato de governo local contestado em face de lei federal; ou *c)* à divergência de interpretação da lei federal entre os Tribunais Regionais Federais, pelos tribunais dos Estados, do Distrito Federal e Territórios.
>
> Assim, a manifestação do STJ sobre matéria constitucional por meio de Incidente de Assunção de Competência instaurado nos autos de recurso especial configuraria usurpação da competência do Supremo Tribunal Federal, como, aliás, é entendimento pacífico desta e. Corte. Nesse sentido: AgInt no REsp 1.744.165/SP, Terceira Turma, DJe 01/03/2019; AgInt nos EREsp 1.082.463/DF, Segunda Seção, DJe 01/02/2019; EDcl no AgInt nos EDcl no AREsp 479.603/MS, Quarta Turma, DJe 12/11/2018"[5].

Também o Supremo Tribunal Federal pode instaurar o incidente[6], uma vez reunidos os requisitos. Não prospera a argumentação que enxerga, nessa hipótese, violação à sistemática constitucional da edição de enunciados de súmula vinculante[7], uma vez que exis-

---

5 Voto da Min. Nancy Andrighi na ProAfR no REsp 1.799.343/SP, Rel. Min. Paulo de Tarso Sanseverino, Segunda Seção, julgado em 09/04/2019.

6 Como constante na Resolução 604, de 2017: Art. 3º Ficam instituídos os seguintes incidentes processuais: I – Tutela Provisória Incidental (TPI), nos termos do art. 294, parágrafo único, c/c art. 299 do Código de Processo Civil; II – Incidente de Assunção de Competência (IAC), nos termos do art. 947 do Código de Processo Civil.

7 "Havendo a possibilidade, de o Supremo Tribunal Federal, julgar casos por meio do Incidente de Assunção de Competência, cria-se uma burla aos requisitos da súmula vinculante. Seria produzida, pelo tribunal, uma decisão com o mesmo efeito vinculante da súmula, sem respeitar seus rígidos requisitos. O Poder Judiciário tem, como função institucional, decidir lides. Decisões obrigatórias, com força vinculante, deveriam, em tese, ser exceções, e não a regra. Desta feita, entendemos que o artigo 947 do Código de Processo Civil padece de inconstitucionalidade, se for possível se interpretar que o Incidente de Assunção de Competência poderá ser instaurado, pelo Supremo Tribunal Federal, no julgamento de recurso ou procedimento de competência originária. Seria necessário, portanto, realizar arguição de nulidade, sem redução de texto76,

te diferença de procedimento e, sobretudo, de efeitos (vinculantes, na súmula, e vinculativos, no incidente).

Pode, perfeitamente, haver incidente de assunção oriundo de processo em curso nos juizados especiais, sendo indiscutível que a tese fixada seja de obrigatório seguimento nos processos neles em curso. Note-se, porém, que o pressuposto da existência de recurso para que se suscite o incidente está satisfeito, ante a previsão do recurso inominado nos juizados[8].

Quanto à competência interna, funcional para julgar o incidente (e, pela lei, o caso concreto), deve-se seguir as orientações do Código quanto aos incidentes repressivos voltados aos casos repetitivos. Assim, incidem, especificamente, o art. 978, cabendo ao regimento interno definir o órgão competente[9], e a prevenção do relator para outras afetações (art. 1.037, §3º):

---

e reconhecer esta interpretação como inconstitucional. Por meio desta técnica interpretativa, é possível que o tribunal declare inconstitucional apenas uma, de várias interpretações possíveis, sem reduzir o texto. Das várias possibilidades interpretativas, extraíveis do artigo 947, entendemos que devem ser consideradas inconstitucionais todas aquelas que permitirem que o Supremo Tribunal Federal julgue um caso, pela técnica da Assunção de Competência." (FERNANDES, Ricardo Yamin. *Do Incidente de Assunção de Competência*. São Paulo: Revista dos Tribunais, 2020).

8 "O artigo utiliza o termo recurso de forma genérica. Por esse motivo, entendemos que é possível a instauração do Incidente de Assunção de Competência em juizados especiais. Conforme disposto no art. 416 e seguintes da Lei 9.099 de 1995, que regulamenta os juizados especiais, da sentença proferida caberá recurso, que será julgado por uma turma composta por três juízes togados, em exercício no primeiro grau de jurisdição, reunidos na sede do Juizado. No julgamento desse recurso, caso a turma julgadora identifique os requisitos exigidos pela lei, entendemos ser possível a instauração do incidente" (ABBOUD, Georges; FERNANDES, Ricardo Yamin. Requisitos legais para a instauração do incidente de Assunção de Competência. *Revista de Processo*, v. 279, mai. 2018).

9 NEVES, Daniel Amorim Assumpção. *Novo Código de Processo Civil – Lei 13.105/2015*. 2ª ed. Rio de Janeiro: Forense, 2015, pp. 498-499. No mesmo sentido, o enunciado 202 do FPPC: O órgão colegiado a que se refere o § 1º do art. 947 deve atender aos mesmos requisitos previstos pelo art. 978.

Art. 978. O julgamento do incidente caberá ao órgão indicado pelo regimento interno dentre aqueles responsáveis pela uniformização de jurisprudência do tribunal.

(...)

Art. 1.037. Selecionados os recursos, o relator, no tribunal superior, constatando a presença do pressuposto do *caput* do art. 1.036, proferirá decisão de afetação, na qual:

I – identificará com precisão a questão a ser submetida a julgamento.

(...)

§ 3º Havendo mais de uma afetação, será prevento o relator que primeiro tiver proferido a decisão a que se refere o inciso I do *caput*.

Capítulo 5

LEGITIMIDADE

A legitimidade para instauração do incidente de assunção de competência está delineada, concisamente, no art. 947, §1º, do Código, que prevê que o relator proporá, de ofício ou a requerimento da parte, Ministério Público ou Defensoria Pública, a remessa do processo ao colegiado competente, instaurando-se o incidente:

> Art. 947
>
> § 1º Ocorrendo a hipótese de assunção de competência, o relator proporá, de ofício ou a requerimento da parte, do Ministério Público ou da Defensoria Pública, que seja o recurso, a remessa necessária ou o processo de competência originária julgado pelo órgão colegiado que o regimento indicar.

5.1. Legitimidade do relator (e do órgão colegiado)

Semelhantemente ao que ocorre nos incidentes repressivos – de maneira bastante clara no IRDR[1] –, o relator pode, de ofício, propor a instauração do IAC.

O relator, se convencido da presença dos pressupostos, deve remeter o processo ao órgão competente para julgar o IAC, o qual fará específico juízo de admissibilidade. A rigor, embora se fale em "propor" (e a expressão "proposta de afetação" seja usada no STJ[2]), tecnicamente se está diante de autêntica instauração, que pode até restar infrutífera, se inadmitido o incidente.

---

1 MENDES, Aluisio Gonçalves de Castro. *Incidente de resolução de demandas repetitivas:* sistematização, análise e interpretação do novo instituto processual. Rio de Janeiro: Forense, 2017, p. 130 e ss.

2 STJ. ProAfR no REsp 1.610.728/RS, Rel. Min. Nancy Andrighi, Segunda Seção, julgado em 10/04/2018.

Ademais, inclusive por força do princípio da colegialidade que rege a atividade dos tribunais, se o relator pode instaurar o incidente, com maior razão o pode o colegiado que integra[3], mesmo que contrariamente ao posicionamento individual do desembargador ou ministro relator.

Existem, portanto, três caminhos: (i) a remessa do processo, pelo relator, ao órgão de colegiado ampliado que julga os incidentes, no tribunal, (ii) a inclusão em pauta no órgão fracionário, para que delibere acerca da existência ou não dos requisitos, permitindo um discernimento melhor construído e plural ou (iii) a inclusão em pauta no órgão fracionário, sem que o relator tenha ventilado o cabimento, no caso, de IAC, mas, no debate que decorre do julgamento do processo subjetivo, se conclua pela instauração do incidente preventivo.

É de se indagar se o relator originário, em sendo membro do outro colegiado também, deveria permanecer como relator, o que, inclusive, poderia estimular a proposição. A decisão cabe ao próprio tribunal, que define a matéria em seu regimento interno[4].

5.2. Legitimidade das partes

Como o Código autoriza que a decisão do relator decorra de requerimento da parte, no processo subjetivo, é indiscutível que detenha legitimidade para a instauração.

Como percebeu Bruno Dantas, analisando o IRDR, trata-se de opção legal na linha de conferir maior efetividade ao microssistema, ampliando o leque de legitimados de modo a abranger,

---

3 MENDES, Aluisio Gonçalves de Castro. Ob. cit. No mesmo sentido: DIDIER JR., Fredie; CUNHA, Leonardo Carneiro da. *Curso de direito processual civil*. v. 3. 14ª ed. Salvador: JusPodivm, 2017, pp. 769-770.

4 No mesmo sentido: LEMOS, Vinicius Silva. *O incidente de assunção de competência:* da conceituação à procedimentalidade. Salvador: JusPodivm, 2018, pp. 118-119.

também, sujeitos sem comprometimento com o interesse institucional presente na técnica pluri-individual[5]. Com efeito, há mitigação da motivação diretamente calcada na objetivação da atividade jurisdicional, presente na provocação de todos os demais legitimados.

Nem por isso, a intenção de esclarecimento do direito objetivo estará ausente: a parte, por mais que, na essência, se preocupe com seu próprio direito (material), compreende que o dissídio jurisprudencial possa ser um empecilho no trajeto até sua efetivação. Além disso, existirão partes de processos subjetivos que, por litigarem maciçamente ou por possuírem interesses delicados, possuem firme intenção de ver pacificado certo assunto (basta pensar nos entes públicos: a Fazenda tem suscitado diversos incidentes, sempre com base na legitimidade em questão[6]).

Naturalmente, tratar-se-á de uma legitimidade mediata, pois passará, o pedido, por prévio discernimento do relator e/ou do colegiado – diferentemente do que sucede no IRDR, onde a petição é dirigida ao presidente do tribunal.

Esse filtro é positivo, vez que pode evitar um mecanismo processual protelatório e, portanto, indesejado[7]. Por outro lado, há quem sustente que o relator, em casos tais, deveria sempre levar o pleito ao colegiado, inexistindo discricionariedade[8] – o que, caso desobedecido, ensejaria a interposição de agravo interno[9].

---

5 DANTAS, Bruno. Comentários aos artigos 976 a 987. In: WAMBIER, Teresa Arruda Alvim et al. (Coords.). *Breves comentários ao novo Código de Processo Civil.* São Paulo: Revista dos Tribunais, 2015. Acesso eletrônico.

6 IRDR 0154697-13.2016.8.21.7000 do TJ/RS, suscitado pela Procuradoria-Geral do Estado do Rio Grande do Sul.

7 Na linha da dupla admissibilidade: THEODORO JUNIOR, Humberto. *Curso de direito processual civil.* v. 3. 47ª ed. Rio de Janeiro: Forense, 2016, p. 443.

8 LEMOS, Vinicius Silva. *O incidente de assunção de competência:* da conceituação à procedimentalidade. Salvador: JusPodivm, 2018, pp. 108-109 e 111-112; MARINONI, Luiz Guilherme. Sobre o Incidente de Assunção de Competência. *Revista de Processo*, v. 260, out. 2016.

9 Para Vinicius Silva Lemos, o juízo positivo de admissibilidade, com a remessa para o colegiado competente, seria decisão irrecorrível (LEMOS, Vinicius Silva.

Já a recorribilidade da decisão favorável, por parte do relator, é questionável. Para Vinicius Silva Lemos, o juízo positivo de admissibilidade, com a remessa para o colegiado competente, seria decisão irrecorrível[10], mesma expressão utilizada, expressamente, pelo regimento interno do Superior Tribunal de Justiça (art. 271-B[11]). O mais preciso é, como percebido por Osmar Paixão, sustentar a falta de interesse recursal, mas o cabimento é inquestionável, ante a previsão do agravo interno contra todas as decisões monocráticas de relatores (art. 1.021)[12].

5.3. Legitimidade do Ministério Público e da Defensoria Pública

Mantendo paralelismo com o incidente repressivo (IRDR), o IAC pode ser instaurado a pedido do Ministério Público ou da Defensoria Pública, independentemente de atuarem como

---

O incidente de assunção de competência: da conceituação à procedimentalidade. Salvador: JusPodivm, 2018, p. 113). Pode-se, a nosso ver, sustentar a falta de interesse recursal, mas o cabimento é inquestionável, ante a previsão do agravo interno contra todas as decisões monocráticas de relatores (art. 1.021). Na mesma linha: CÔRTES, Osmar Mendes Paixão. Comentário ao artigo 947. In: WAMBIER, Teresa Arruda Alvim et al. (Coords.). *Breves comentários ao novo Código de Processo Civil.* São Paulo: Revista dos Tribunais, 2015. Acesso eletrônico.

---

10 LEMOS, Vinicius Silva. *O incidente de assunção de competência:* da conceituação à procedimentalidade. Salvador: JusPodivm, 2018, p. 113.

11 "Art. 271-B. O relator ou o Presidente proporá, de ofício ou a requerimento da parte, do Ministério Público ou da Defensoria Pública, na forma preconizada pelo Capítulo II-B do Título IX da Parte I do Regimento Interno, mediante decisão irrecorrível, a assunção de competência de julgamento de recurso, de remessa necessária ou de processo de competência originária que envolver relevante questão de direito, com grande repercussão social, sem repetição em múltiplos processos."

12 CÔRTES, Osmar Mendes Paixão. Comentário ao artigo 947. In: WAMBIER, Teresa Arruda Alvim et al. (Coords.). *Breves comentários ao novo Código de Processo Civil.* São Paulo: Revista dos Tribunais, 2015. Acesso eletrônico.

partes[13]. Pela literalidade, a exemplo do que ocorre com o pleito das partes processuais interessadas no julgamento subjetivo, o requerimento dessas instituições constitucionais permanentes dependeria de um prévio juízo positivo do relator ou do colegiado.

Contudo, deve-se entender que, justamente por se preocuparem apenas com a interpretação dada à questão jurídica e, em definitivo, com a higidez do ordenamento da jurisprudência (uniforme e íntegra), a recepção do pedido de instauração pelo relator deve gozar da presunção que normalmente possuem os órgãos públicos. Contudo, não existindo qualquer margem de divergência de decisões ou elementos mínimos de repercussão social da matéria, ou seja, não sendo a hipótese de cabimento do IAC, o relator não deverá acolher o requerimento de suscitação do incidente.

A atuação do Ministério Público no Incidente de Assunção de Competência encontra fundamento, em primeiro lugar, na incumbência de defesa da ordem jurídica, nos termos do art. 127, *caput*, combinado com o art. 129, inciso IX, ambos da Constituição Federal. No caso, a função que lhe foi conferida pelo Código de Processo Civil, no art. 947, § 1º, é compatível com a defesa da ordem jurídica, considerando o caráter uniformizador do direito a ser aplicado, em prol do princípio da isonomia e da segurança jurídica, bem como do acesso à justiça, da duração razoável dos processos e da economia processual. Por isso, ainda quando não for parte, deverá zelar para que o IAC busque a consecução destes valores, mediante o devido processo legal.

Em segundo lugar, o funcionamento do Ministério Público poderá também, eventualmente, estar voltado para a proteção de interesses coletivos, quando a questão comum estiver relacionada a direitos individuais homogêneos, entendendo-se que estes estão contidos na parte final do inciso III do art. 127 da Constituição da República. Como já mencionado, o IAC poderá ser suscitado para

---

13 LEMOS, Vinicius Silva. *O incidente de assunção de competência:* da conceituação à procedimentalidade. Salvador: JusPodivm, 2018, pp. 77-78.

a resolução de questão comum de direito, em caráter preventivo. Portanto, é possível a utilização do IAC, ainda que suscitada pelo MP com fundamento na defesa da ordem jurídica, para a resolução de questão de direito comum, de mérito ou processual, em processos cujas demandas poderão ostentar um caráter heterogêneo em relação às demandas formuladas. Entretanto, e provavelmente na maioria dos casos, o incidente servirá, como o próprio nome indica, para a elucidação de questão pertinente a direitos individuais homogêneos, ainda que não ajuizadas demandas repetitivas. Sendo assim, a presença do Ministério Público se fará necessária para a proteção dos interesses coletivos, atuando na condição de parte ou em função da sua intervenção obrigatória.

A Defensoria Pública poderá cumprir um importante papel no Incidente de Assunção de Competência. A nova incumbência dá prosseguimento a uma trajetória em que a Defensoria deixou de ter uma atuação apenas como representante judicial em caráter individual para assumir um papel institucional como legitimado extraordinário para a defesa de direitos e interesses coletivos. Representa, assim, um salto de qualidade nas suas funções, pois pode deixar de ter um desempenho atomizado, para desenvolver um trabalho mais amplo, molecularizado e mais eficiente, pois, com o dispêndio de menos recursos, pode pleitear e obter um alcance maior para as pretensões que lhe chegam no dia a dia.

O pedido de instauração poderá ser feito não apenas quando for parte. Mas também quando verificar que já existem processos em profusão com uma questão jurídica comum, o risco de ofensa à isonomia e à segurança jurídica e a pertinência das demandas ou da questão comum com pessoas necessitadas, nos termos do art. 134 da Constituição da República.

Ressalte-se que o funcionamento da Defensoria Pública deve estar em sintonia com as incumbências constitucionais, ou seja, com a orientação jurídica e defesa dos necessitados, sem que esta tenha um caráter de exclusividade.

5.3.1. Intervenção nos incidentes

Para além de legitimados para a deflagração, o Ministério Público e a Defensoria Pública são chamados a intervir nos incidentes.

Quanto ao MP, a legislação foi expressa: a instituição deve intervir, obrigatoriamente (art. 976, §2º, aplicável ao IAC). Em que pese o texto, há quem entenda que a independência funcional do membro ministerial é garantia inegociável, de modo que o que se afigura obrigatório é sua intimação[14]. Inexistia, pois, segundo este posicionamento, nulidade caso o agente político com atribuição tenha sido intimado, mas opte por não fornecer parecer sobre o tema[15].

A presença da instituição é proposta para que haja ampliação da cognição e maior fiscalização da atividade exercida no procedimento de debate qualificado. Tais finalidades, a rigor, poderiam ser cumpridas, igualmente, pela Defensoria Pública, notadamente o aumento de argumentos, sendo possível a sua intervenção ou intimação da instituição para que se manifeste, diante da presença do interesse de necessitados, nos termos do art. 34 da Constituição.

Existe razão para enxergar a Defensoria como instituição vocacionada à representação coletiva dos interesses subjetivos subjacentes ao incidente examinado – uma vez que a questão jurídica, objetiva, se desaguará em diversas relações interpessoais.

---

14 DIDIER JR., Fredie; CUNHA, Leonardo Carneiro da. *Curso de direito processual civil*. v. 3. 14ª ed. Salvador: JusPodivm, 2017, p. 697; CABRAL, Antonio do Passo. Comentário ao artigo 976. In: CABRAL, Antonio do Passo; CRAMER, Ronaldo (Coords.). *Comentários ao novo Código de Processo Civil*. 2ª ed. Rio de Janeiro: Forense, 2016, p. 1.443. Em sentido contrário, entendendo inegociável a intervenção: JEREISSATI, Régis Gurgel do Amaral. Incidentes nos tribunais. In: SILVA, Franklyn Roger Alves (Org.). *CPC/15:* Perspectiva da Defensoria Pública. Salvador: JusPodivm, 2016, p. 441-442; LEONEL, Ricardo de Barros. Intervenção do Ministério Público no incidente de resolução de demandas repetitivas. *Revista Jurídica da Escola Superior do Ministério Público de São Paulo*, v. 1, 2012, p. 183.

15 ADI 1.936, Rel. Min. Gilmar Mendes, Tribunal Pleno, julgado em 21/08/2002.

A natureza jurídica dessa intervenção seria semelhante à de *amicus curiae*, porém *suis generis* (*litigant amicus curiae*), na linha da tendência jurisprudencial das *Federal Courts* estadunisenses, permitindo a participação com vistas a evitar ou favorecer a formação do precedente em determinado sentido, como observou, com precisão, Cintia Guedes[16].

Ainda que não se albergue essa ideia, poderá a DP intervir a título de *amicus curiae* (art. 983), contribuindo com a construção de uma visão mais perfeita dos temas com os quais guarde afinidade – seguindo a visão tradicional desse instituto de colaboração processual (*amicus curiae* imparcial).

Ao Ministério Público cabe, além da intimação para a intervenção, assumir a titularidade do incidente, caso haja desistência ou abandono do processo afetado (art. 976, §1º). Discute-se se há[17] ou não obrigatoriedade nessa atuação.

Serve como parâmetro de raciocínio a compreensão da questão nas ações coletivas[18], onde, em caso de desistência infundada por parte do legitimado, considera-se haver poder-dever de assunção do procedimento por parte do MP, enquanto, quando a desistência ou o abandono se tenha dado de forma fundamentada, inexistirá o dever de prosseguir com o processo. Além disso,

---

16 GUEDES, Cintia Regina. O incidente de resolução de demandas repetitivas e o papel da Defensoria Pública como porta-voz dos direitos dos litigantes individuais na formação da tese jurídica vinculante. *Revista de Direito da Defensoria Pública do Estado do Rio de Janeiro,* v. 27, 2018, pp. 310-313.

17 Entendendo diversamente em relação ao regramento das ações coletivas, no sentido de ser obrigatório que o MP conduza o incidente: NEVES, Daniel Amorim Assumpção. *Novo Código de Processo Civil – Lei nº 13.105/2015.* 2ª ed. Rio de Janeiro: Forense, 2015, p. 526.

18 CABRAL, Antonio do Passo. Comentário ao artigo 976. In: CABRAL, Antonio do Passo; CRAMER, Ronaldo (Coords.). *Comentários ao novo Código de Processo Civil.* 2 ed. Rio de Janeiro: Forense, 2016, p. 1.443.

a independência funcional, garantida constitucionalmente, deve prevalecer sobre a regra específica do Código de Processo Civil[19].

De todo modo, em não atuando o Ministério Público, nada impede que o incidente siga seu rumo, pois a definição da competência e o funcionamento dos órgãos jurisdicionais internos é matéria que cabe privativamente aos tribunais, com observância das normas de processo, sendo primordial somente a fixação da tese.

5.4. Legitimidade do juiz

Embora a lei processual nada mencione a respeito da legitimidade dos magistrados de primeira instância para suscitar o incidente de assunção de competência, cabe uma reflexão. Não há impedimento para que um juiz oficie o relator de um processo, em curso no tribunal, que verse sobre questão que considere relevante e que preencheria os requisitos legais de cabimento, quando tiver processo a ser resolvido e que dependa da solução da questão relevante ou controversa.

---

19 JEREISSATI, Régis Gurgel do Amaral. Incidentes nos Tribunais. In: SILVA, Franklyn Roger Alves (Org.). *CPC/15:* Perspectiva da Defensoria Pública. Salvador: JusPodivm, 2016, pp. 442-443.

Capítulo 6

CABIMENTO

O incidente de assunção de competência possui requisitos positivos e, também, um requisito negativo, semelhantemente ao que ocorre com os incidentes repressivos. A fonte normativa é o art. 947, tanto o *caput* como o parágrafo 4º:

> Art. 947. É admissível a assunção de competência quando o julgamento de recurso, de remessa necessária ou de processo de competência originária envolver relevante questão de direito, com grande repercussão social, sem repetição em múltiplos processos.
>
> (...)
>
> § 4º Aplica-se o disposto neste artigo quando ocorrer relevante questão de direito a respeito da qual seja conveniente a prevenção ou a composição de divergência entre câmaras ou turmas do tribunal.

Importa, como alerta Bruno Dantas a respeito do IRDR, ler os requisitos de maneira rígida, evitando homogeneização artificial da jurisprudência[1], ao abrandá-los, fugindo do escopo de uniformizar uma mesma questão jurídica.

Antes do estudo individualizado de cada pressuposto, impõe-se revelar a discussão acerca da natureza jurídica do ato de instauração sob a ótica do elemento volitivo do legitimado, isto é, se se trata de faculdade ou de poder-dever.

---

1 "Deve-se ter presente, porém, que o tratamento processual massificado dos litígios individuais exige a satisfação de requisitos rígidos, sob pena de se promover uma artificial homogeneização das peculiaridades de cada caso. A consequência disso seria a frustração ou a tutela inadequada de direitos substanciais" (DANTAS, Bruno. Comentários aos artigos 976 a 987. In: WAMBIER, Teresa Arruda Alvim et al. [Coords.]. *Breves comentários ao novo Código de Processo Civil.* São Paulo: Revista dos Tribunais, 2015. Acesso eletrônico.).

Dois são os comandos legais a versar sobre o cabimento dos incidentes julgadores de questões comuns repetitivas: o art. 976, topologicamente voltado ao IRDR, e o art. 1.036, para os recursos repetitivos. Naquele, o texto menciona que "é cabível" a instauração, ao passo que, neste, fala-se que sempre que presentes os requisitos, "haverá afetação".

Na sistemática do incidente preventivo (IAC), encontra-se, no *caput* do art. 947, a expressão "é admissível" e, no §1º, lê-se que o relator "proporá".

Aparentemente, então, existe tratamento diverso para cada um dos incidentes. No entanto, a leitura, à luz do microssistema, deve ser una, e essa interpretação deve prestigiar os valores fundamentadores da técnica, efetivando a uniformização da jurisprudência de maneira pronta, concentrada e eficiente. Por essa razão principiológica, a melhor interpretação é no sentido de constituir poder-dever dos legitimados a instauração, uma vez que detectem os requisitos de cabimento (dever de proposição[2]).

Somente essa conclusão é capaz de garantir que os incidentes, notadamente o IRDR (cuja disciplina legal literal apontaria para a discricionariedade), não tenham eficácia diminuta, como o incidente de uniformização de jurisprudência do Código anterior[3].

Os arts. 947, *caput*, e 976, *caput*, devem, então, ser interpretados em conjunto e na forma do art. 1.036 e do §1º do art. 947.

---

2 LEMOS, Vinicius Silva. *O incidente de assunção de competência:* da conceituação à procedimentalidade. Salvador: JusPodivm, 2018, pp. 108-109; STRECK, Lenio Luiz. Comentário ao art. 947. In: STRECK, Lenio Luiz *et al* (orgs.). *Comentários ao código de processo civil.* São Paulo: Saraiva, 2016.

3 MANCUSO, Rodolfo de Camargo. *Incidente de resolução de demandas repetitivas:* a luta contra a dispersão jurisprudencial excessiva. São Paulo: Revista dos Tribunais, 2016, p. 102.

6.1. Primeiro requisito positivo: relevante questão de direito

6.1.1. Questão de direito

Elemento fundamental para a instauração do IAC é a existência de uma questão de direito[4] que seja relevante, de direito material ou processual[5]. A exemplo do debate travado a respeito dos casos repetitivos, pode se apresentar a dificuldade de se divorciar o extrato jurídico da parte fática em uma questão[6].

Para alguns[7], questão de direito é aquela que pode ser decidida independentemente das peculiaridades do caso concreto.

---

4 "PROPOSTA DE INSTAURAÇÃO DE INCIDENTE DE ASSUNÇÃO DE COMPETÊNCIA. APELAÇÃO CÍVEL EM AÇÃO INDENIZATÓRIA. REPARAÇÃO CIVIL PLEITEADA POR MARICULTOR. VAZAMENTO DE ÓLEO EM MAR TERRITORIAL PROVENIENTE DE SUBESTAÇÃO DA CELESC NO SUL DA ILHA DE FLORIANÓPOLIS. AUSÊNCIA DOS PRESSUPOSTOS DO ART. 947, *CAPUT* E § 4º DO CPC/2015. MULTIPLICIDADE DE RECURSOS SOBRE O TEMA. ADEMAIS, RELEVANTE QUESTÃO DE DIREITO COM GRANDE REPERCUSSÃO SOCIAL OU DIVERGÊNCIA NESTA CORTE NÃO IDENTIFICADAS. MATÉRIA EMINENTEMENTE FÁTICA. RESPONSABILIDADE PELO DANO AMBIENTAL QUE AINDA ESTÁ SENDO APURADA NA JUSTIÇA FEDERAL, EM AÇÃO CIVIL PÚBLICA PENDENTE DE INSTRUÇÃO. PREJUDICIALIDADE EXTERNA DA QUESTÃO. INCIDENTE DE ASSUNÇÃO DE COMPETÊNCIA NÃO ADMITIDO." (TJSC, Incidente de Assunção de Competência nº 0017699-38.2013.8.24.0023, da Capital, rel. Des. Maria do Rocio Luz Santa Ritta, Grupo de Câmaras de Direito Civil, julgado em 11/10/2017).

5 Enunciado 600 do FPPC: O incidente de assunção de competência pode ter por objeto a solução de relevante questão de direito material ou processual.

6 LEMOS, Vinicius Silva. *O incidente de assunção de competência*: da conceituação à procedimentalidade. Salvador: JusPodivm, 2018, p. 69.

7 WAMBIER, Teresa Arruda Alvim; CONCEIÇÃO, Maria Lúcia Lins; RIBEIRO, Leonardo Ferres da Silva; MELLO, Rogério Licastro Torres de. *Primeiros comentários ao novo Código de Processo Civil – artigo por artigo*. São Paulo: Revista dos Tribunais, 2015, p. 1.345.
No mesmo sentido, na jurisprudência: "INCIDENTE DE ASSUNÇÃO DE COMPETÊNCIA. ART. 947, *CAPUT*, DO CÓDIGO DE PROCESSO CIVIL. QUESTÃO DE DIREITO RELACIONADO À NECESSIDADE DE AÇÃO PRÓPRIA PARA DECLARAÇÃO INCIDENTAL DE NULIDADE DE ATO JURÍDICO NO BOJO DE AÇÃO DE INVENTÁRIO. AUSÊNCIA DE QUESTÃO JURÍDICA RELEVANTE E DE GRANDE REPERCUSSÃO SOCIAL. MATÉRIA QUE DEPENDE DA ANÁLISE DA PARTICULARIDADE DO

Mais uma vez, a intenção do legislador parece ter sido fixar precedente sobre matéria jurídica, abstrata, ainda que calcada em contornos fáticos ou em um cenário de fato típico[8]. Nada impede, nessa linha, que o tribunal, atento ao leque de circunstâncias fáticas que envolvem a matéria, construa teses variadas ou sub-teses, adequadas a cada uma dessas hipóteses[9].

CASO. REJEIÇÃO DA INSTAURAÇÃO DO INCIDENTE. RETORNO DO RECURSO AO ÓRGÃO FRACIONÁRIO SUSCITANTE. A instauração do incidente de assunção de competência com base no art. 947, *caput*, do Código de Processo Civil exige como pressupostos a existência de julgamento pendente e relevante questão de direito com grande repercussão social. Ausentando-se qualquer destes requisitos, especialmente quando se trata de caso que impõe o exame de suas particularidades, descabe a instauração do citado incidente, pois não representa grande relevância social". (TJSC, Incidente de Assunção de Competência nº 0154000-90.2015.8.24.0000, rel. Des. João Batista Góes Ulysséa, Grupo de Câmaras de Direito Civil, julgado em 13/09/2017).

---

8 Sustentando que melhor seria mencionar "questão que dispense dilação probatória": ABBOUD, Georges; FERNANDES, Ricardo Yamin. Requisitos legais para a instauração do incidente de assunção de competência. *Revista de Processo*, v. 279, mai. 2018. Contudo, nos parece que a opção do legislador foi superior, já que a dispensa ou não da dilação é verificada em cada caso concreto, em que a tese será ou não aplicada.

9 Veja-se, a título de exemplo: INCIDENTE DE ASSUNÇÃO DE COMPETÊNCIA. CONFLITO NEGATIVO DE COMPETÊNCIAS. CIVIL E PROCESSUAL CIVIL (CPC/2015). PLANO DE SAÚDE COLETIVO EMPRESARIAL. CONTROVÉRSIA ACERCA DA COMPETÊNCIA DA JUSTIÇA DO TRABALHO. CASO CONCRETO. RECUSA DE COBERTURA DE PROCEDIMENTO MÉDICO. PLANO "SAÚDE CAIXA". MODALIDADE AUTOGESTÃO EMPRESARIAL.COMPETÊNCIA DA JUSTIÇA DO TRABALHO. 1. Controvérsia acerca da competência da Justiça do Trabalho para julgamento de demanda entre usuário e operadora de plano de saúde coletivo empresarial. 2. Teses para os efeitos do art. 947, § 3º, do CPC/2015: 2.1. Compete à Justiça comum o julgamento das demandas entre usuário e operadora plano de saúde, exceto quando o plano é organizado na modalidade autogestão empresarial, sendo operado pela própria empresa contratante do trabalhador, hipótese em que competência é da Justiça do Trabalho. 2.2. Irrelevância, para os fins da tese 2.1, da existência de norma acerca da assistência à saúde em contrato de trabalho, acordo ou convenção coletiva. 2.3. Aplicabilidade da tese 2.1 também para as demandas em que figure como parte trabalhador aposentado ou dependente do trabalhador. 3. Julgamento do caso concreto: 3.1. Demanda ajuizada no Juizado Especial Federal por empregada

Cabe assinalar que a questão pode ser de direito material ou processual[10], de modo amplo, ou seja, em qualquer área do Direito, inexistindo, *a priori*, vedação temática – inclusive, o Superior Tribunal de Justiça já admitiu, em tese, IAC em matéria criminal:

> Incidente de Assunção de Competência no recurso em habeas corpus. Aplicação (supletiva) do preceito inserto no art. 947 do Código de Processo Civil no âmbito do recurso em habeas corpus. Possibilidade. Inteligência do art. 3º do Código de Processo Penal. Momento para suscitar o incidente. após o julgamento do recurso. Impossibilidade. Pedido indeferido.
>
> 1. Consoante o disposto no art. 3º do Código de Processo Penal, a norma constante do art. 947 do Código de Processo Civil tem aplicabilidade aos processos criminais. Nesse sentido é o recente enunciado nº 3 da I Jornada de Direito Processual Civil realizado pelo Conselho da Justiça Federal, cujo verbete dispõe que: "As disposições do CPC aplicam-se supletiva e subsidiariamente ao Código de Processo Penal, no que não forem incompatíveis com esta Lei".
>
> 2. Sob pena de subverter a própria *ratio* do instituto – até mesmo para que não haja um rejulgamento da causa, a pretexto de uma uniformização do entendimento jurisprudencial, máxime em se tratando de processos de feição criminal, como no caso vertente –, o incidente deve ser suscitado antes do julgamento do recurso.
>
> 3. Na linha dos precedentes desta Corte, *mutatis mutandis*, "O incidente de uniformização de jurisprudência, previsto no art. 476

e seu dependente contra a empregadora (e operadora de plano de saúde autogestão empresarial), tendo como causa de pedir a recusa de cobertura de procedimento médico. 3.2. Declinação de competência pelo juízo federal ao juízo do trabalho, tendo este suscitado o presente conflito de competências. 3.3. Aplicação das teses 2.1 e 2.3, 'in fine', ao caso concreto para se declarar competente o juízo do trabalho, suscitante. (...) (CC 165.863/SP, Rel. Ministro Paulo de Tarso Sanseverino, Segunda Seção, julgado em 11/03/2020).

10 DIDIER JR., Fredie; CUNHA, Leonardo Carneiro da. *Curso de direito processual civil*. v. 3. 14º ed. Salvador: JusPodivm, 2017, p. 767. Na mesma linha, o enunciado 600 do FPPC: O incidente de assunção de competência pode ter por objeto a solução de relevante questão de direito material ou processual.

do Código de Processo Civil e nos arts. 118 e seguintes do RISTJ, possui natureza preventiva de dissenso jurisprudencial, não sendo admitido como forma de irresignação recursal. Ademais, deve ser suscitado nas razões recursais ou em petição avulsa, em momento anterior ao julgamento do recurso, cujo processamento constitui faculdade do relator, não sendo possível a sua arguição em sede de agravo regimental" (AgRg no HC nº 275.416/SP, rel. Min. Rogerio Schietti Cruz, Sexta Turma, julgado em 10/6/2014, DJe 1º/7/2014).

4. Pedido indeferido.[11]

Suscita divergência a viabilidade de instauração do incidente para discutir questão atinente à constitucionalidade de determinada norma. Embora haja posição que entenda pela imprescindibilidade de instalação do incidente de arguição de inconstitucionalidade[12], parece-nos, porém, que, a exemplo da experiência do Supremo Tribunal Federal no julgamento de teses com repercussão geral, o incidente de assunção de competência possa servir para, respeitada a cláusula de reserva de plenário (art. 97 da CF), uniformizar a questão, com eficácia vinculativa.

Naturalmente, deve haver significativa dificuldade acerca da interpretação de tal matéria de direito, apta a ensejar divergência. Questões de fácil compreensão, por decorrer de simples aplicação do texto legal claro, não necessitam da instauração do incidente para sua pacificação[13].

---

11 IAC no RHC 75.768/RN, Rel. Min. Antonio Saldanha Palheiro, Sexta Turma, julgado em 02/10/2018.

12 FERNANDES, Ricardo Yamin. *Do Incidente de Assunção de Competência*. São Paulo: Revista dos Tribunais, 2020.

13 "INCIDENTE DE ASSUNÇÃO DE COMPETÊNCIA. QUESTÕES DE DIREITO PROCESSUAL E MATERIAL QUE JÁ ESTÃO PREVISTAS EXPRESSAMENTE NO CÓDIGO DE PROCESSO CIVIL E EM RESOLUÇÃO DO CONSELHO NACIONAL DE JUSTIÇA, A QUAL TEM FORÇA VINCULANTE, NOS TERMOS DO ART. 105, § 5º, DO REGIMENTO INTERNO DO CNJ. AUSÊNCIA DE RELEVÂNCIA E DE REPERCUSSÃO SOCIAL. INEXISTÊNCIA DE RISCO DE OFENSA À ISONOMIA E À SEGURANÇA JURÍDICA. AUSÊNCIA DOS REQUISITOS NECESSÁRIOS PARA A SUA ADMISSÃO.

6.1.2. Relevância da questão

Ocorre que, diferentemente do que sucede no IRDR, o Código predica a questão jurídica, exigindo que seja relevante. Trata-se, naturalmente, de conceito jurídico indeterminado, genérico, a aumentar a responsabilidade dos tribunais no juízo de admissibilidade[14].

Como forma de melhor sistematizar os requisitos de instauração do IAC, pode-se inserir a repercussão social, exigida pelo *caput*, e a preocupação com a divergência interna no próprio tribunal, mencionada no parágrafo 4º, como pressupostos alternativos[15] (autônomos[16]), ambos a justificar a relevância da questão jurídica.

---

1. A admissão do Incidente de Assunção de Competência – IAC está condicionada a questão de direito, que seja relevante a ponto de ser decidida por um órgão superior do Tribunal, com divergência de entendimento entre Câmaras ou Turmas, de grande repercussão social e sem repetição em múltiplos processos. Ausentes esses requisitos, o IAC não deve ser admitido.
2. É desnecessária a instauração de IAC para definir questões de direito processual prevista expressamente em artigo do novo Código de Processo Civil e em Resolução do Conselho Nacional de Justiça que, nos termos do art. 105, § 5º, do seu Regimento Interno, tem natureza vinculante." (TJ/SC, IAC 0010158-18.2016.8.24.0000, rel. Des. Francisco Oliveira Neto, Órgão Especial, julgado em 5/09/2018).

---

14 ABBOUD, Georges; FERNANDES, Ricardo Yamin. Requisitos legais para a instauração do incidente de Assunção de Competência. *Revista de Processo*, v. 279, mai. 2018.

15 Por vezes, o cabimento abrange as duas hipóteses, como deixa entrever o STJ: "Na espécie, verifica-se estarem atendidos os requisitos de admissibilidade do incidente ora proposto, pois a matéria discutida envolve relevante questão de direito (interpretação do art. 34 da Lei nº 6.830/1980), com grande repercussão social, assim como existe contemporânea divergência sobre o tema no âmbito da Primeira Seção, razão pela qual suscito, de ofício, a admissão do incidente de assunção de competência no presente recurso ordinário, nos termos dos arts. 947, § 4º, do CPC/2015 e 271-B do RISTJ, observadas as seguintes providências (...)" (IAC no RMS 53.720/SP, Rel. Min. Sérgio Kukina, Primeira Seção, julgado em 11/10/2017).

16 "Incidente de Assunção de Competência e Conflito de Competência. Admissibilidade. Requisitos.
1 – Em sua nova fisionomia, substitutiva daquela consagrada pelo art. 555, §1º, do CPC de 1973, visa o Incidente de Assunção de Competência a atribuir

6.1.2.1. Relevância por repercussão social

A primeira condição da questão jurídica capaz de considerá-la relevante decorre da repercussão que terá no corpo social. Certos temas, por influenciarem de maneira destacada a vida da sociedade e a maneira como seus membros se comportam, merecem rápida pacificação pelo Judiciário, ainda que não tenham potencial para gerar diversos processos a seu respeito.

A doutrina não é uníssona ao conceituar a repercussão social exigida pelo art. 947. Uma primeira linha[17] a aproxima da repercussão geral que deve caracterizar o recurso extraordinário, sob pena de inadmissão. Nesse sentido, os parâmetros do art. 1.035, §1º[18], seriam aplicáveis ao juízo de admissibilidade do incidente de assunção de competência, justificando sua instauração a questão que ostente importância econômica, social ou jurídica transcendental aos limites subjetivos do caso concreto.

---

a órgão colegiado de maior hierarquia o julgamento do recurso, remessa necessária ou processo de competência originária, sempre que presente questão de direito de significativa repercussão social, vinculando-se os órgãos fracionários do Tribunal à tese adotada, até a sua eventual revisão (art. 947, §3º, CPC 2015).
2 – Ao lado da hipótese do *caput* do art. 947, previu o legislador a modalidade autônoma do seu §4º, em que dispensado o requisito da "grande repercussão social", e conferiu-se ao incidente a função de compor a divergência entre as Câmaras, em tudo assemelhando-se ao antigo Incidente de Uniformização de Competência." (TJ/RJ. IAC 0049540-22.2017.8.19.0000. Seção Cível, Rel. Des. Eduardo Gusmão Alves de Brito Neto, julgado em 23/11/2017).

---

17 DIDIER JR., Fredie; CUNHA, Leonardo Carneiro da. *Curso de direito processual civil*. v. 3. 14ª ed. Salvador: Juspodivm, 2017, pp. 767-768; LEMOS, Vinicius Silva. *O incidente de assunção de competência: da conceituação à procedimentalidade*. Salvador: JusPodivm, 2018, p. 71.

18 Art. 1.035
§ 1º Para efeito de repercussão geral, será considerada a existência ou não de questões relevantes do ponto de vista econômico, político, social ou jurídico que ultrapassem os interesses subjetivos do processo."

Nessa linha, pode-se pensar na remissão ao delineio dado à transcendência, requisito específico do recurso de revista trabalhista (art. 896-A, §1º, da CLT[19])[20].

Outros autores[21] não fazem essa ligação direta com o requisito do recurso extraordinário, assentando que a repercussão social diz respeito a um valor para a sociedade, que pode ser verificável sob uma perspectiva política, religiosa, cultural, econômica[22]. Não bastaria, aqui, uma importância técnico-processual, decorrente dos casos repetitivos, mas de questão de direito com relevante impacto sobre facetas da vida em sociedade[23-24], afetando-a

---

19 Art. 896-A. O Tribunal Superior do Trabalho, no recurso de revista, examinará previamente se a causa oferece transcendência com relação aos reflexos gerais de natureza econômica, política, social ou jurídica.
§ 1º São indicadores de transcendência, entre outros:
I – econômica, o elevado valor da causa;
II – política, o desrespeito da instância recorrida à jurisprudência sumulada do Tribunal Superior do Trabalho ou do Supremo Tribunal Federal;
III – social, a postulação, por reclamante-recorrente, de direito social constitucionalmente assegurado;
IV – jurídica, a existência de questão nova em torno da interpretação da legislação trabalhista."

20 GAIO JÚNIOR, Antônio Pereira. Os perfis do incidente de assunção de competência no CPC/2015. In: GAIO JÚNIOR, Antônio Pereira (Org.). *Direito processual em movimento* – v. VIII. Curitiba: CRV, 2019, p. 18, nº 12.

21 MARINONI, Luiz Guilherme. Sobre o incidente de assunção de competência. *Revista de Processo*, v. 260, out. 2016; OLIVEIRA JR., Zulmar Duarte de. Comentário ao art. 947. In: ______; DELLORE, Luiz; GAJARDONI, Fernando da Fonseca; ROQUE, André. *Execução e recursos* – comentários ao CPC de 2015. 2ª ed. São Paulo: Método, 2018, p. 668.

22 Nessa linha, o enunciado 469 do FPPC: A "grande repercussão social", pressuposto para a instauração do incidente de assunção de competência, abrange, dentre outras, repercussão jurídica, econômica ou política.

23 "(...) não há sentido em se negar a relevância social da matéria. Se a cobrança de *royalties* feita por uma empresa a uma universalidade de agricultores que laboram no cultivo da soja transgênica for considerada realmente indevida – o que é matéria de mérito que não deve ser apreciada neste momento processual – o significativo impacto no preço final do produto, para consumo, já seria motivo suficiente para justificar a tutela coletiva desses direitos. A relevância social do processo é evidente." (REsp 1.243.386/RS, Rel. Min. Nancy Andrighi, Terceira Turma, julgado em 12/06/2012).

24 "Nesse contexto, portanto, verifica-se que o recurso encarta questões jurídica e econômica qualificadas e de expressiva projeção social, envolvendo eventual

diretamente. Se trataria, portanto, de uma questão distinta das corriqueiras e ordinárias[25].

Por vezes, será mais fácil definir qual tema ostentaria repercussão social a partir do raciocínio inverso, verificando quais matérias não são marcadas por esse elemento (critério negativo[26]).

O legislador, intencionalmente, deixou margem interpretativa para os tribunais, que reconhecerão a maior importância da pacificação interpretativa da questão, de maneira tanto a orientar os comportamentos dos membros da sociedade (especialmente, na relevância por repercussão social) como a evitar decisões conflitantes, futuramente (nas duas formas de relevância da ques-

limitação à prestação de serviços de saneamento básico – de notória utilidade pública –, bem como potenciais reflexos nas tarifas praticadas, decorrentes do custo extra a ser suportado, ocasionalmente, pela pessoa jurídica de direito público prestadora, a fim de viabilizar a entrega adequada dos serviços à coletividade." (Voto da Ministra Regina Helena Costa na ProAfR no REsp 1817302/SP, Rel. Ministra Regina Helena Costa, Primeira Seção, julgado em 29/09/2020). Em sentido próximo: ProAfR no REsp 1834896/PE, Rel. Ministra Regina Helena Costa, Primeira Seção, julgado em 15/12/2020).

25 "A questão relevante é aquela diferenciada, distinta de questões corriqueiras e ordinárias que, embora não repetida em inúmeros outros processos, impacta a sociedade – repercussão social. É a questão que, por exemplo, uma vez definida, pode importar em mudanças de rumo em políticas públicas, aumento de preços, que pode afetar grupos de pessoas, consumidores, empresas etc." (CÔRTES, Osmar Mendes Paixão. Comentário ao artigo 947. In: WAMBIER, Teresa Arruda Alvim et al. (Coords.). *Breves comentários ao novo Código de Processo Civil*. São Paulo: Revista dos Tribunais, 2015. Acesso eletrônico).

26 "Normalmente é mais fácil definir o que seja tema com repercussão social a partir do que não tenha repercussão social (critério negativo), embora tal perspectiva seja cambiante. Por exemplo, uma questão entre vizinhos dificilmente terá repercussão social. Nada obstante, quando se discuta em tal demanda a legalidade da alteração de uma regra do plano diretor, com impacto sobre a organização da cidade, teremos aí uma questão com repercussão social" (OLIVEIRA JR., Zulmar Duarte de. Comentário ao art. 947. In: ______; DELLORE, Luiz; GAJARDONI, Fernando da Fonseca; ROQUE, André. *Execução e recursos – comentários ao CPC de 2015*. 2ª ed. São Paulo: Método, 2018, p. 668).

tão). Não deve haver, portanto, qualquer restrição apriorística quanto à matéria[27].

A própria leitura da repercussão social deve ser generosa, incluindo temas que importem para a livre determinação dos membros da sociedade, ainda que não destoem da normalidade. A definição prévia acerca do que é permitido pelo ordenamento jurídico é sempre benéfica, mesmo quando diz respeito a questões corriqueiras – questões típicas do cotidiano de varas de família, por exemplo, dificilmente destoam da normalidade, mas, ainda assim, podem possuir repercussão social.

Deve-se assentar, ainda, que temas que envolvem diversos processos podem ser objeto do incidente preventivo, quando a questão for central em cada um deles, mas as circunstâncias indicarem a necessidade de pronta uniformização. É dizer: embora haja potencial de repetição da matéria, a divergência se encontre em caráter embrionário, como sucede com o advento de nova lei, cujos efeitos imediatos suscitem dúvidas[28].

---

27 A título de exemplo, merecem menção a presunção de contribuição do cônjuge para a aquisição de bens no regime da separação legal (TJ/RS. IAC 0093945-12.2015.8.21.7000, Rel. Des. Rui Portanova, Tema 1, DJe 15/12/2016), a determinação do termo inicial do prazo decadencial para constituir crédito tributário no caso de doação com reserva de ufuruto vitalício (TJ/RS. IAC 0312118-66.2016.8.21.7000, Rel. Des. Marilene Bonzanini, Tema 3, DJe 12/05/2017), a impossibilidade de determinação judicial de cargos a serem providos (TJ/SC. IAC 0120157-37.2015.8.24.0000, Rel. Des. Luiz Fernando Boller, Tema 2), discussão quanto à constitucionalidade de reajustes de vencimentos de uma categoria específica (TJ/SC. IAC 0001938-49.2011.8.24.0083, Rel. Des. Pedro Manoel Abreu, Tema 5), direito subjetivo à nomeação dos aprovados em determinado concurso (TJ/SC. IAC 0311900-04.2014.8.24.0023, Rel. Des. João Henrique Blasi, Tema 6), critérios para a promoção de policiais militares (IAC 0313592-38.2014.8.24.0023, Rel. Des. Luiz Fernando Boller, Tema 7).

28 Exemplo disso foi a instauração do incidente de assunção pelo Superior Tribunal de Justiça quando do advento da Lei 13.876/19, que redefiniu critérios para a competência delegada de matérias previdenciárias federais para juízos estaduais: "Nesse breve panorama, Senhores Ministros, verifico atendidos os requisitos do cabimento do incidente de assunção de competência no presente processo de competência originária, pois a matéria discutida envolve rele-

Há que se deixar claro que, na primeira hipótese, de repercussão geral, não haverá a necessidade de se vislumbrar qualquer divergência interna, atual ou futura, pois esta última se configura a segunda possibilidade de cabimento.

6.1.2.2. Relevância por divergência de decisões

A segunda hipótese de caracterização da relevância da questão decorre da divergência de decisões dentro do próprio tribunal (*intra muros*[29]), estampada no parágrafo 4º do art. 947[30], e não da divergência externa (cotejo com outros tribunais)[31]. Essa disparidade de conclusões judiciais pode ser potencial (prevenção) ou atual (composição), seguindo a linha dos instrumentos que precederam o atual IAC, desde antes do primeiro Código Processual brasileiro[32].

Basicamente, o Código traz instrumento capaz de, prontamente, uniformizar entendimentos pretorianos, ainda que não haja pluralidade de processos capaz de justificar instauração de

---

vante questão de direito, bem como é inegável o reconhecimento de grande repercussão social do tema, por envolver milhares de processos em tal situação e que tratam de temas sensíveis à sociedade, tais como as causas previdenciárias." (QO no CC 170.051/RS, Rel. Ministro Mauro Campbell Marques, Primeira Seção, julgado em 26/08/2020).

29 CÂMARA, Alexandre Freitas. *Levando os padrões decisórios a sério*. Rio de Janeiro: Atlas, 2018, p. 254.

30 "Art. 947. (...) § 4º Aplica-se o disposto neste artigo quando ocorrer relevante questão de direito a respeito da qual seja conveniente a prevenção ou a composição de divergência entre câmaras ou turmas do tribunal."

31 GAIO JÚNIOR, Antônio Pereira. Os perfis do incidente de assunção de competência no CPC/2015. In: GAIO JÚNIOR, Antônio Pereira (org.). *Direito processual em movimento* – v. VIII. Curitiba: CRV, 2019, p. 21.

32 A prevenção e a composição da divergência de entendimentos se busca combater desde o Decreto nº 16.273/23, passando pela Lei nº 319/1936, até chegar ao CPC/39, no que foi acompanhado pelo CPC/1973 e, agora, pelo CPC/2015.

incidentes repressivos (casos repetitivos), trazendo coesão ao sistema[33].

A bem da verdade, pelo texto legal, a relevância da questão não se confundiria com a divergência entre órgãos fracionários do tribunal. Pelo parágrafo 4º, existiriam três elementos: (i) a questão relevante, (ii) a divergência, atual ou potencial, entre turmas ou câmaras do tribunal, (iii) a conveniência em se prevenir ou compor tal divergência.

Uma visão crítica e teleológica do instituto, porém, recomenda a leitura conjunta desses elementos. Questão suscetível, portanto, de cabimento do IAC deve ser toda aquela sobre a qual possa haver divergência real, presente ou futura. A conveniência no tratamento dessa divergência é ínsita à própria disparidade, sempre que real. Contudo, a questão deve possuir uma relevância mínima, pois, do contrário, não se justificará o deslocamento e o julgamento por órgão com composição mais ampla.

Por outro lado, a divergência, embora atual, é apenas pontual, como no caso de uma decisão monocrática ou mesmo de um órgão fracionário isolado, podendo se configurar por uma mera decisão contrária à jurisprudência do tribunal, facilmente corrigí-

33 "Dado o grau de novidades e mesmo complexidades, evidente que se trata de mais um dispositivo do NCPC que exigirá atenta exegese e sistematização pretoriana, a fim de que ocupe o seu local apropriado, como incidente distinto formador de precedentes. Seja como for, entendemos que a questão, em linhas gerais, está de acordo com as reformulações propostas dentro da órbita do respeito aos precedentes (inclusive decisões relevantes dos Tribunais de segundo grau), representando adequadamente a *ratio* emergente, de simplificar as exigências procedimentais com a preocupação central em resolver problemas ('a substância acima da forma') e, principalmente, de imprimir maior grau de organicidade ao sistema ('coesão'). Neste sentido, privilegiar-se-iam a segurança jurídica e a certeza em torno de relevantes matérias de direito, a não envolver exclusivamente os integrantes de uma determinada individual demanda judicial" (RUBIN, Fernando. Do incidente de assunção de competência. In: ALVIM, Angélica Arruda; ASSIS, Araken de; ALVIM, Eduardo Arruda; LEITE, George Salomão [coords.]. *Comentários ao código de processo civil*. São Paulo: Saraiva, 2016, p. 1.085).

vel pelas vias recursais próprias. Existirá diferença de julgados sobre o tema, mas não a justificar a instauração do incidente.

A divergência só será suscetível de ser enfrentada pelo instituto, e, portanto, sempre conveniente sua eliminação pela via do IAC, quando existirem conclusões essencialmente diversas (divergência real atual – hipótese de composição)[34], ou, pela pouca clareza a respeito da matéria, sejam previsíveis ou ao menos possíveis diferentes entendimentos judiciais (divergência real potencial – hipótese de prevenção).

Devem existir, então, duas autênticas presunções: (i) a de relevância da questão geradora ou capaz de gerar divergência interpretativa a seu respeito e (ii) a de conveniência na prevenção ou composição dessa divergência.

Desse modo, os requisitos da relevância da questão, da divergência interpretativa a seu respeito e da conveniência na instauração do IAC, apontados, normalmente[35], como pressupostos isolados e distintos, devem ser lidos de maneira una, em raciocínio sequencial em que, como regra, a presença de um elemento fará presumir a do seguinte.

---

34 Nesse sentido: OLIVEIRA JR, Zulmar Duarte de. Comentário ao art. 947. In: ______; DELLORE, Luiz; GAJARDONI, Fernando da Fonseca; ROQUE, André. *Execução e recursos* – comentários ao CPC de 2015. 2ª ed. São Paulo: Método, 2018, p. 669. Em sentido contrário: "Por ora, importante salientar que a divergência entre turmas ou câmaras do tribunal é meramente prospectiva, pois que para divergências reais e presentes existem métodos próprios no ordenamento jurídico, tais como a sistemática de recursos extraordinários repetitivos e o IRDR" (RICHTER, Bianca Mendes Pereira. O incidente de assunção de competência como precedente no novo Código de Processo Civil: análise do instituto no Superior Tribunal de Justiça. *Revista de Processo*, v. 280, jun. 2018. Acesso eletrônico).

35 WAMBIER, Teresa Arruda Alvim; CONCEIÇÃO, Maria Lúcia Lins; RIBEIRO, Leonardo Ferres da Silva; MELLO, Rogério Licastro Torres de. *Primeiros comentários ao novo Código de Processo Civil – artigo por artigo*. São Paulo: Revista dos Tribunais, 2015.

O Superior Tribunal de Justiça já considerou existir questão relevante de "interesse social" quando a discussão envolve aplicação de norma cogente[36], seguindo, em alguma medida, a posição defendida, tratando os requisitos quase que de maneira una.

Por fim, deve-se ressaltar que a divergência a justificar o cabimento do incidente é a atual ou a futura/potencial, mas jamais a pretérita. Ou seja: se o tribunal já pacificou a questão, não estarão reunidos os requisitos, como reconhecido pelo Superior Tribunal de Justiça:

> No presente processo, a pretensão do agravante é de utilizar a ação rescisória para retroagir a jurisprudência hoje consolidada à época em que sua lide foi decidida. Assim, como a jurisprudência a respeito da questão relativa à validade da fiança até a entrega das chaves já se encontra consolidada e somente não é aplicável à hipótese concreta por incidência da Súmula 343/STF, não há motivos para a instauração de incidente de assunção de incompetência ou de arguição de inconstitucionalidade.[37]

6.2. Segundo requisito positivo: interesse público

O art. 947, §2º, traz como requisito para o julgamento do incidente o reconhecimento de interesse público na assunção:

> Art. 947
>
> § 2º O órgão colegiado julgará o recurso, a remessa necessária ou o processo de competência originária se reconhecer interesse público na assunção de competência.

---

36 "Verifica-se, no caso em tela, a existência de notória e atual divergência entre os entendimentos das duas Turmas que compõem a Segunda Seção do STJ, bem como estar-se diante de matéria exclusivamente de direito e de relevante interesse social, porquanto cuida da aplicação de norma cogente" (IAC no (REsp 1.604.412/SC, Rel. Min. Marco Aurélio Bellizze, Segunda Seção, julgado em 27/06/2018).

37 No caso concreto, o STJ afastou a possibilidade de se instaurar um IAC para regular a aplicação de um novo posicionamento a uma relação transitada anteriormente, contrariando a Súmula 343 do STF: AgInt nos EDcl nos EDcl nos EDcl no REsp 1.557.381/MG, Rel. Min. Ricardo Villas Bôas Cueva, Terceira Turma, julgado em 20/02/2018.

Trata-se de requisito de admissibilidade, apreciado pelo órgão destinatário do deslocamento – o regimento interno do Superior Tribunal de Justiça, inclusive, relaciona o interesse público à admissibilidade do incidente, não ao julgamento do caso concreto (art. 271-B, §1º[38]). Fato é que deverá estar presente para que o procedimento prossiga, revelando-se como requisito positivo exigido pela lei.

Mais uma vez, se está diante de um conceito indeterminado, com alta carga de subjetividade, o que gera natural divergência a respeito do seu significado, a exigir grande racionalidade e fundamentação do colegiado responsável por sua análise.

Para alguns autores[39], o interesse público teria o mesmo conteúdo da repercussão social da questão, não se confundindo apenas porque este seria um elemento exigido para o deslocamento do processo para o órgão colegiado competente para julgar o IAC e aquele diria respeito à admissão do incidente, por este segundo órgão, como sustenta Luiz Guilherme Marinoni:

> A princípio, seria possível pensar que o legislador desejou impor um novo requisito para a admissibilidade da assunção de competência. Note-se, contudo, que a previsão de "interesse público" surge apenas quando se fala na *admissão do julgamento* do caso. Para o *deslocamento* da competência para o julgamento do caso alude-se apenas a questão de direito "com grande repercussão social". Mas o "deslocamento" e a "admissão do julgamento" constituem fases de uma mesma situação jurídica. O que realmente importa é saber se a assunção de competência é cabível, pois o deslocamento e a admissão do julgamento são apenas

---

38 "Art. 271-B. (...) § 1º A Corte Especial ou a Seção, conforme o caso, admitirá o recurso, a remessa necessária ou o processo de competência originária se reconhecer interesse público na assunção de competência."

39 NEVES, Daniel Amorim Assumpção. *Novo Código de Processo Civil – Lei 13.105/2015*. 2ª ed. Rio de Janeiro: Forense, 2015, pp. 498-499; MARINONI, Luiz Guilherme. Sobre o incidente de assunção de competência. *Revista de Processo*, v. 260, out. 2016; GAIO JÚNIOR, Antônio Pereira. Os perfis do incidente de assunção de competência no CPC/2015. In: GAIO JÚNIOR, Antônio Pereira (Org.). *Direito processual em movimento* – v. VIII. Curitiba: CRV, 2019, p. 19.

> consequências do seu cabimento. Ora, não é possível supor que, para duas decisões que aferem a mesma circunstância, é possível exigir requisitos diferentes. Os dois requisitos teriam que ser necessários tanto para o deslocamento quanto para a admissão do julgamento. Porém, além de o art. 947 ter aludido a "interesse público" ao tratar de uma fase específica, das duas locuções insertas no artigo – "grande repercussão social" e "interesse público" – pode-se retirar previsões absolutamente similares, de modo que não se pretendeu criar dois requisitos diferentes para a admissão da assunção de competência. Objetivou-se, isto sim, frisar que tanto o órgão originariamente competente, quanto o órgão para o qual a competência foi deslocada, têm poder para aferir razões para a assunção da competência com base tanto em uma quanto em outra locução. Na verdade, pretendeu-se evidenciar que o órgão competente para a assunção deve, após ter sido decidido o deslocamento pelo órgão de competência originária, afirmar ou não razão suficiente para a assunção da competência.[40]

Outra linha doutrinária[41] identifica o interesse público com o interesse social, assim considerado aquele de toda a sociedade, como um somatório dos interesses de cada um dos seus membros, como uma dimensão pública desses interesses individuais. Fala-se também que seria a qualidade que faz a discussão extrapolar os limites dos casos ordinários[42].

Por fim, há quem[43] prefira deixar margem interpretativa para o tribunal, no caso concreto, identificar a presença de interesse

---

40 MARINONI, Luiz Guilherme. Sobre o incidente de assunção de competência. *Revista de Processo*, v. 260, out. 2016.

41 WAMBIER, Teresa Arruda Alvim; CONCEIÇÃO, Maria Lúcia Lins; RIBEIRO, Leonardo Ferres da Silva; MELLO, Rogério Licastro Torres de. *Primeiros comentários ao novo Código de Processo Civil – artigo por artigo*. São Paulo: Revista dos Tribunais, 2015.

42 CÔRTES, Osmar Mendes Paixão. Comentário ao artigo 947. In: WAMBIER, Teresa Arruda Alvim et al. (Coords.). *Breves comentários ao novo Código de Processo Civil*. São Paulo: Revista dos Tribunais, 2015. Acesso eletrônico.

43 ABBOUD, Georges; FERNANDES, Ricardo Yamin. Requisitos legais para a instauração do incidente de assunção de competência. *Revista de Processo*, v. 279, mai. 2018.

público, fundamentadamente, evitando-se juízos discricionários, bem como definições excessivamente rígidas.

Novamente, acreditamos que se deve considerar a presença da relevância da questão, por repercussão social ou por dissidência de decisões, como indiciária da existência de interesse público, afastável apenas quando o órgão julgador do incidente apontar elementos concretos em sentido contrário. Na realidade, a própria função dos tribunais, mormente dos superiores, de definir a interpretação das normas atrai inegável interesse público[44].

6.3. Terceiro requisito positivo: existência de processo em curso

Por se tratar, ante a expressa opção legislativa, de modalidade de julgamento de causa-piloto, o incidente só poderá ser instaurado a partir de um processo em curso no tribunal[45], no qual a

44 Outrossim, o § 2º do art. 947 do CPC/2015 dispõe que o "órgão colegiado julgará o recurso, a remessa necessária ou o processo de competência originária se reconhecer interesse público na assunção de competência". Embora o conceito de interesse público permita múltiplas interpretações, para efeito de admissão do incidente de assunção de competência, está relacionado à definição da interpretação da próprias questões jurídicas contidas no presente recurso especial. (ProAfR no REsp 1806016/PA, Rel. Ministro Mauro Campbell Marques, Primeira Seção, julgado em 15/09/2020)

45 "Incidente de Assunção de Competência e Conflito de Competência. Admissibilidade. Requisitos (...)

3 – Fixação da tese ou solução do conflito entre as câmaras que se faz, de qualquer modo, no julgamento do recurso, remessa necessária ou ação de competência originária, por acórdão contra o qual cabíveis os recursos constitucionais pertinentes, sempre que, respectivamente, presente a interpretação de lei federal ou da Constituição.

4 – Despropósito de se instaurar incidente para julgamento de recurso, remessa ou ação originária manifestamente inadmissíveis, se é ao apreciá-los, em seu mérito, ainda que de natureza processual, que fixará a Corte seu entendimento sobre a matéria controversa.

questão relevante seja veiculada e, portanto, debatida[46]. O texto normativo não deixa dúvidas: o incidente deve partir de um julgamento de recurso (qualquer que seja[47]), remessa necessária ou processo de competência originária do tribunal.

Algumas observações, contudo, devem ser feitas.

A primeira é que o Código estabeleceu sistemática diferente da prevista para o IRDR, pois neste não se estabeleceu expressamente a necessidade de causa pendente no tribunal. Entretanto, a diversidade de tratamento justifica-se pela própria metodologia do IAC, pois neste incidente há o julgamento do próprio recurso, da remessa necessária ou do pedido formulado no processo de competência originária. Portanto, o tribunal, por ocasião do julgamento em concreto, realiza uma cisão meramente lógica no âmbito da apreciação, considerando a cognição referente à questão de direito com relevância e ao caso em espécie, firmando a tese e resolvendo o conflito.

Os institutos do IAC e do IRDR, absolutamente complementares, possuem uma aproximação teórica e prática, por serem duas faces de uma mesma técnica de uniformização de decisões, com formação de jurisprudência e precedente vinculativo, constituindo, juntos, o microssistema de incidentes fixadores de teses jurídicas, não obstante as peculiaridades metodológicas supramencionadas.

---

5 – Incidente de Assunção de Competência suscitado em conflito de competência inadmissível, vez que voltado contra acórdão já transitado em julgado da Turma Recursal dos Julgados Especiais.

6 – Incidente não instaurado" (TJ/RJ. IAC 0049540-22.2017.8.19.0000. Seção Cível, Rel. Des. Eduardo Gusmão Alves de Brito Neto, julgado em 23/11/2017).

---

46 NEVES, Daniel Amorim Assumpção. *Novo Código de Processo Civil – Lei 13.105/2015*. 2ª ed. Rio de Janeiro: Forense, 2015, p. 497.

47 OLIVEIRA JR., Zulmar Duarte de. Comentário ao art. 947. In: ______; DELLORE, Luiz; GAJARDONI, Fernando da Fonseca; ROQUE, André. *Execução e recursos* – comentários ao CPC de 2015. 2ª ed. São Paulo: Método, 2018, p. 667.

O IAC, portanto, possui natureza jurídica material semelhante ao do incidente repressivo (IRDR), possuindo uma fase cognitiva voltada para a resolução da questão e da fixação da tese, em abstrato, sem prejuízo de esta operação ocorrer no bojo do julgamento de um caso concreto. A aplicação da tese ao caso concreto é benéfica, porque didática, mas não essencial. Pode-se, inclusive, conjugando o *caput* do art. 947 com seu parágrafo 2º, entender que essa segunda etapa, posterior à fixação da tese, só ocorreria se o tribunal considerasse haver interesse público, garantindo margem discricionária.

O legislador colocou como pressuposto a existência de um processo no tribunal, em segunda instância, o que caracteriza um diferencial do caráter preventivo do incidente. A rigor, esse elemento, que não é trazido para o incidente de resolução de demandas repetitivas, está relacionado com a história do IAC e também da ausência do caráter repetitivo, decorrente da repercussão social do tema e daquele que busca prevenir a divergência entre órgãos fracionários da Corte. É claro que se poderia cogitar, *de lege ferenda*, como um próximo passo para o desenvolvimento do instituto, a possibilidade de ser suscitado o incidente também para causas em tramitação no primeiro grau, a exemplo do que ocorre no IRDR.

Aponta-se, ainda, que o relator, oficiosamente ou a requerimento, somente poderia dar início ao incidente antes do julgamento do caso concreto[48], sob pena de preclusão para o julgador.

A ideia não é, de todo, pacífica, haja vista que outra corrente[49] considera que o colegiado, ao analisar a lide, poderia deliberar pela assunção de competência.

---

48 NEVES, Daniel Amorim Assumpção. *Novo Código de Processo Civil – Lei 13.105/2015*. 2ª ed. Rio de Janeiro: Forense, 2015, p. 499.

49 DIDIER JR., Fredie; CUNHA, Leonardo Carneiro da. *Curso de direito processual civil*. v. 3. 14ª ed. Salvador: JusPodivm, 2017, p. 770.

Com efeito, o que a lei exige é a existência de um processo em curso na instância do tribunal. A exigência temporal ou procedimental não está expressa, embora, logicamente, seja de se reconhecer que, após o término do julgamento, o colegiado e, sobretudo, o relator, não poderiam provocar o incidente, como, inclusive, já reconheceu o STJ, mantendo o entendimento que possuía quanto ao incidente de uniformização de jurisprudência:

> Incidente de Assunção de Competência no Recurso em *Habeas Corpus*. Aplicação (Supletiva) do Preceito Inserto no art. 947 do Código de Processo Civil no Âmbito do Recurso em *Habeas Corpus*. Possibilidade. Inteligência do art. 3º do Código de Processo Penal. Momento para suscitar o Incidente. Após o Julgamento do Recurso. Impossibilidade. Pedido Indeferido. 2. Sob pena de subverter a própria *ratio* do instituto – até mesmo para que não haja um rejulgamento da causa, a pretexto de uma uniformização do entendimento jurisprudencial, máxime em se tratando de processos de feição criminal, como no caso vertente –, o incidente deve ser suscitado antes do julgamento do recurso. 3. Na linha dos precedentes desta Corte, *mutatis mutandis*, "O incidente de uniformização de jurisprudência, previsto no art. 476 do Código de Processo Civil e nos arts. 118 e seguintes do RISTJ, possui natureza preventiva de dissenso jurisprudencial, não sendo admitido como forma de irresignação recursal. Ademais, deve ser suscitado nas razões recursais ou em petição avulsa, em momento anterior ao julgamento do recurso, cujo processamento constitui faculdade do relator, não sendo possível a sua arguição em sede de agravo regimental (AgRg no HC nº 275.416/SP, rel. Min. Rogerio Schietti Cruz, Sexta Turma, julgado em 10/06/2014, DJe 1º/07/2014.) 4. Pedido indeferido.[50]

Fora essa hipótese, parece lógico que a proposição do IAC permaneça cabível até o fim do exercício jurisdicional do colegiado originário. Questiona-se, contudo, a possibilidade de suscitação

50 IAC no RHC 75.768/RN, Rel. Min. Antonio Saldanha Palheiro, Sexta Turma, julgado em 02/10/2018.

por ocasião do julgamento de embargos de declaração, considerando os limites deste recurso[51].

---

51 Nesse ponto, concordamos com Ricardo Yamin Fernandes, que bem expõe a controvérsia: "Na vigência do Código de Processo Civil de 1973, alguns tribunais não admitiam a instauração do incidente de uniformização de jurisprudência – incidente mais semelhante ao que estudamos neste trabalho, presente no diploma processual anterior – em embargos de declaração: PROCESSUAL CIVIL. EMBARGOS DE DECLARAÇÃO. INEXISTÊNCIA DE VÍCIO NO JULGADO. PRETENSÃO DE REVOLVIMENTO DE MATÉRIA MERITAL. NÃO CABIMENTO DE SUSCITAÇÃO DE INCIDENTE DE UNIFORMIZAÇÃO DE JURISPRUDÊNCIA EM EMBARGOS DE DECLARAÇÃO. RECURSO CONHECIDO E IMPROVIDO. 1) Conforme entendimento assente, os aclaratórios não se prestam para rediscutir a lide, posto não ser possível, no âmbito restrito e limitado dessa espécie de recurso, revolver discussões da causa, já que, por meio dos embargos, apenas se esclarece o que está obscuro ou se complementa o que está incompleto. Não há que se falar em omissão e/ou contradição no acórdão objurgado. 2) O incidente de uniformização de jurisprudência deve ser suscitado antes de encerrado o julgamento sobre a questão controvertida, e não na fase de embargos de declaração, que têm função meramente integrativa. (TJES – ED em Apelação Cível 12080103406, Terceira Câmara Cível, Rel. Des. Ronaldo Gonçalves de Sousa, j. 14-02-2012, DJe 29-02-2012.)

Este entendimento se baseia na impossibilidade de se rediscutir a lide em sede de embargos de declaração. Respeitamos o entendimento acima expresso, mas, ao falarmos do Incidente de Assunção de Competência, entendemos que, a depender do caso concreto, é possível se imaginar situações em que sua instauração se dê no julgamento do recurso de embargos de declaração. Os embargos de declaração podem ser manuseados contra qualquer decisão judicial, para esclarecer obscuridade ou eliminar contradição; suprir omissão de ponto ou questão sobre o qual devia se pronunciar o juiz de ofício ou a requerimento; e corrigir erro material. Conforme é cediço, em hipóteses excepcionais, os embargos de declaração podem possuir efeitos infringentes, ou seja, podem ter o condão de modificar a decisão embargada. Ademais, a partir da entrada em vigor do Código de Processo Civil de 2015, os embargos de declaração, expressamente, passaram a ser a solução para decisões que não cumprirem os requisitos do § 1º do artigo 489 deste diploma, ou seja, as decisões que não estiverem fundamentadas. Diante deste quadro, imaginemos a seguinte situação: ao julgar determinado recurso de apelação, o tribunal de justiça não se manifestou a respeito de uma tese de defesa, referente à prescrição. Contra este acórdão, foi interposto embargos de declaração, requerendo a manifestação expressa do tribunal quanto à prescrição. A nosso ver, nada impede que, ao julgar os embargos de declaração, o tribunal visualize nesta tese ainda não apreciada, uma relevante questão de direito, com grande repercussão social. Neste caso, seria possível suscitar o Incidente de Assunção de Competência para que os embargos sejam julgados por órgão

6.4. Requisito negativo: não cabimento do IRDR

A exemplo do que ocorre no microssistema dos casos repetitivos, existe um requisito negativo para a instauração do incidente de assunção de competência: não pode existir repetição da questão em múltiplos processos (ausência de multiplicidade[52]) (art. 947).

O Código, portanto, estabelece uma subsidiariedade dupla: do IRDR em relação aos recursos repetitivos e do IAC em relação aos incidentes repressivos. As duas técnicas se complementam através da prioridade para o incidente de resolução de questões comuns repetitivas.

Essa expressa opção legal leva parcela da doutrina a considerar que a ideia seja a inexistência de processos repetitivos, embora a matéria deva ser repetitiva. Em outras palavras, distinguem esses autores as questões repetitivas dos processos repetitivos, assentando que podem existir demandas heteromórficas, que contenham o debate sobre mesma matéria, mas sem identidade de todos os elementos da ação, ao contrário dos processos isomórficos[53].

---

hierarquicamente superior e produzam uma decisão vinculante. Em razão da natureza mais restrita da devolutividade dos embargos de declaração, só será possível instaurar o Incidente de Assunção de Competência em alguns casos específicos. No entanto, a despeito de serem raros, será possível a assunção de competência em casos específicos de embargos de declaração, quando, por exemplo, este tiver caráter infringente, ou quando tiver como objeto suprir omissão de decisão que não enfrentar todos os argumentos deduzidos no processo capazes de, em tese, infirmar a conclusão adotada pelo julgador." (FERNANDES, Ricardo Yamin. *Do Incidente de Assunção de Competência*. São Paulo: Revista dos Tribunais, 2020).

52 LEMOS, Vinicius Silva. *O incidente de assunção de competência:* da conceituação à procedimentalidade. Salvador: JusPodivm, 2018, p. 73.

53 CÂMARA, Alexandre Freitas. *Levando os padrões decisórios a sério*. Rio de Janeiro: Atlas, 2018, pp. 251-252. Admitindo que a questão não seja de massa, mas que possa se repetir em vários processos: WAMBIER, Teresa Arruda Alvim; CONCEIÇÃO, Maria Lúcia Lins; RIBEIRO, Leonardo Ferres da Silva; MELLO, Rogério Licastro Torres de. *Primeiros comentários ao novo Código de Processo Civil – artigo por artigo*. São Paulo: Revista dos Tribunais, 2015.

O entendimento, porém, não é preciso[54]: o Código trouxe um microssistema de fixação de tese jurídicas com técnicas que sempre resolvem questões. Tanto nos casos repetitivos como no incidente de assunção se uniformiza o entendimento de um tribunal a respeito de um tema jurídico, abstrato, de direito. Mesmo nos incidentes repressivos, é indiferente se a matéria pacificada se repete em diversos processos com o mesmo título (questão prévia, questão principal, questão posterior ao mérito) – esse é um aspecto considerável apenas na etapa posterior, de aplicação do entendimento pelo juiz natural.

Também existe interpretação no sentido de que a instauração do IAC só seria possível quando o objeto fosse uma questão incapaz de se repetir em múltiplos processos[55]. Novamente, se trata de indevida restrição ao cabimento do incidente, já que o fato de a questão se repetir em diversos processos não diz respeito à essência dessa questão, sendo, antes, um elemento acidental. É dizer: a questão pode se repetir ou não, a depender de uma infinidade de fatores, afigurando-se inviável delinear o cabimento do instituto com base em aspecto tão relativo e não previsto em lei.

Ademais, pode ser que a repetição de processos esteja presente, na hipótese de a relevância da questão decorrer de di-

---

54 A repetição, a rigor, não é dos processos (que não precisam ser idênticos), mas de questão idêntica em vários processos. Nessa linha; LEMOS, Vinicius Silva. *O incidente de assunção de competência:* da conceituação à procedimentalidade. Salvador: JusPodivm, 2018, p. 74.

55 "Reserva-se, assim, para o incidente de assunção de competência, questões relevantes de direito que, a despeito de sua repercussão social, jurídica, econômica ou política, ou a despeito da conveniência na prevenção de divergência entre câmaras ou turmas do tribunal ou na eliminação de divergência já existente, *não sejam capazes de repetirem-se em múltiplos processos.* É o caso, por exemplo, de ações civis públicas que tratem de direitos difusos ou coletivos *stricto sensu,* ações que envolvam controle concentrado de constitucionalidade e tantas outras que, a despeito de não se proliferarem em múltiplos processos idênticos, possam trazer impacto significativo para a coletividade"(AMARAL, Guilherme Rizzo. *Comentários às alterações do novo CPC.* São Paulo: Revista dos Tribunais, 2015. Acesso eletrônico).

vergência já existente entre câmaras ou turmas do tribunal[56]. Multiplicidade não se confunde com pluralidade[57].

Parece, portanto, que a intenção do legislador seja, na verdade, que, reunidos os requisitos para a instauração de incidente de uniformização de questões repetitivas, não caberá o incidente de assunção de competência[58]. A prioridade é a solução por meio de incidente de resolução de demandas repetitivas ou de julgamento de recursos repetitivos.

Essa ordem de avaliação se aplica tanto ao IAC baseado em questão relevante por repercussão social (art. 947, *caput*), para o qual é expresso na equívoca expressão "sem repetição em múltiplos processos", como naquele calcado em relevância decorrente da divergência de decisões, constituindo requisito negativo geral, em razão do funcionamento mais eficiente do microssistema de formação de precedentes por meio de incidentes fixadores de teses jurídicas.

---

56 ABBOUD, Georges; FERNANDES, Ricardo Yamin. Requisitos legais para a instauração do incidente de Assunção de Competência. *Revista de Processo*, v. 279, mai. 2018.

57 "A multiplicidade de processos com a aludida questão de direito, dotada de repercussão social, afasta a utilização do incidente de assunção de competência. Em tal caso, a via própria será o incidente de resolução de demandas repetitivas ou o regime dos recursos especiais e extraordinários repetitivos. Todavia, a mera existência de mais de um processo não significa multiplicidade. O incidente objetiva a formação de precedente qualificado, o qual, por acepção, destina-se a influir sobre outras situações jurídicas, logo mais de um processo" (OLIVEIRA JR., Zulmar Duarte de. Comentário ao art. 947. In: ______; DELLORE, Luiz; GAJARDONI, Fernando da Fonseca; ROQUE, André. *Execução e recursos* – comentários ao CPC de 2015. 2ª ed. São Paulo: Método, 2018, p. 669).

58 O fundamental, portanto, não é que inexista multiplicidade de processos, mas que não estejam presentes os requisitos para a instauração de incidente julgador de casos repetitivos. Nessa linha: NEVES, Daniel Amorim Assumpção. *Novo Código de Processo Civil – Lei 13.105/2015*. 2ª ed. Rio de Janeiro: Forense, 2015, p. 498 e o enunciado 334 do FPPC: Por força da expressão "sem repetição em múltiplos processos", não cabe o incidente de assunção de competência quando couber julgamento de casos repetitivos.

O Superior Tribunal de Justiça, no entanto, decidiu, ao ponderar entre a instauração de um IAC ou do incidente de recursos repetitivos, que, apesar da multiplicidade de demandas a respeito, se poderia optar pelo incidente de assunção, já que possui maior vinculatividade, por permitir o manejo da reclamação diretamente ao tribunal:

> Ante esse cenário fático e jurisprudencial, deve ser reconhecida a relevância social na fixação de uma tese acerca da delimitação da competência da Justiça Comum para o julgamento de demanda relativa a contrato de plano de saúde previsto em contrato de trabalho, acordo ou convenção coletiva para evitar a declinação de competência para a Justiça do Trabalho em hipóteses em que essa medida não se mostra cabível.
>
> De outra parte, no que tange à multiplicidade recursal a que alude o art. 947, *caput*, do CPC/2015, vislumbra-se que a controvérsia ora proposta seria até mesmo passível de uma afetação pelo rito dos recursos especiais repetitivos, tendo em vista o considerável número de recursos e conflitos de competência que chegam a esta Corte Superior, a respeito desse tema.
>
> Porém, tendo em vista a relevância social que se vislumbra nessa controvérsia, entendo que o IAC é o instrumento processual mais adequado, uma vez que esse incidente possui uma força vinculante maior do que a do recurso repetitivo, na medida em que esta Corte Superior pode revisar diretamente, via reclamação, decisões contrárias à tese fixada em IAC.
>
> Desse modo, uma vez fixada a tese por esta SEÇÃO, eventuais decisões declinatórias poderão ser cassadas diretamente por esta Corte Superior, pela via da reclamação, não sendo necessário aguardar a eventual suscitação de conflito de competência, ou a subida de um recurso especial em agravo de instrumento, como foi o caso dos autos[59].

59 ProAfR no REsp 1.799.343/SP, Rel. Min. Paulo de Tarso Sanseverino, Segunda Seção, julgado em 09/04/2019.

Em termos principiológicos, José Miguel Garcia Medina observou que o IAC está mais preocupado com a segurança jurídica, enquanto os incidentes repressivos, para além desse valor, resguardam centralmente a isonomia:

> Compreende-se, assim, que, sob esse prisma, a assunção de competência tenha também função *preventiva* (cf. § 4º do art. 947 do CPC/2015), algo que não deve ocorrer em relação a casos repetitivos (já que, nessa hipótese, deve *ter havido* a repetição de casos). Desse modo, enquanto em relação ao incidente de resolução de demandas repetitivas o *tratamento isonômico* ganha destaque, quanto ao incidente de assunção de competência sobressai a *segurança jurídica*."[60].

6.4.1. Fungibilidade

O tema, em termos abstratos, está bem delineado. No plano da realidade prática, contudo, o cenário pode se mostrar bem mais complexo. Isso porque certas matérias, pela velocidade de evolução da sociedade, em que os conflitos pululam aos montes e muito rapidamente, vários deles de maneira sazonal[61], em um determinado momento, o de suscitação do incidente, podem se mostrar não repetitiva e, em momento seguinte, o do juízo de admissibilidade, já esta em replicadas.

O oposto também é possível: ante a cláusula de abertura interpretativa (bem) colocada pelo Código, uma questão que, para um juízo, soa repetitivas e afrontosa à isonomia e à segurança jurídica, possivelmente se mostra embrionária para outros julgadores.

Portanto, tanto a fluidez prática quanto a repetitividade (ou não) da questão como a flexibilidade dos pressupostos de instauração recomendam, aliadas ao princípio da primazia do mérito, a

---

60 MEDINA, José Miguel Garcia. *Novo Código de Processo Civil Comentado*. 5ª ed. São Paulo: Revista dos Tribunais, 2017.

61 BENETI, Sidnei Agostinho. Assunção de competência e *fast-track* processual. *Revista de Processo*, v. 171, mai. 2009.

fungibilidade entre os incidentes fixadores de teses[62]. No dizer de Zulmar Duarte, o IRDR e o IAC são duas faces da mesma moeda[63].

Não há qualquer problema, de resto, no tocante à inércia jurisdicional. Isso porque o princípio se aplica em pontuais momentos processuais, notadamente seu início e (reinício) no cumprimento de sentença que reconhece obrigação de pagar, dando a vez, posteriormente, para o do impulso oficial[64].

Também não é empecilho o princípio da congruência, tributário ao da inércia, pois existe legitimidade, em todos os incidentes, oficiosa do relator (e, para a doutrina, do colegiado)[65]. Na prática, ainda que tivesse que rejeitar o pedido de instauração de um deles, o órgão jurisdicional que realiza o juízo de admissibilidade sempre poderia suscitar o outro. A falta de previsão legal expres-

---

62 Enunciado 141 da II Jornada de Direito Processual Civil do CJF: É possível a conversão de Incidente de Assunção de Competência em Incidente de Resolução de Demandas Repetitivas, se demonstrada a efetiva repetição de processos em que se discute a mesma questão de direito.

63 "Ressalte-se que o IAC se conecta claramente ao IRDR para atingimento de sua finalidade, qual seja, a unidade na interpretação e aplicação do direito. São duas faces da mesma moeda, cujo valor final reflete a unidade do direito. Quando a coroa está em risco, pela multiplicação de feitos versando sobre determinada questão de direito, com a potencial quebra da isonomia e da segurança jurídica, atua o IRDR. À sua vez, o IAC protege a cara da moeda, sempre passível de ser comprometida pela existência de divergência em questões de direito com repercussão social, ainda que não replicadas em múltiplos processos" (OLIVEIRA JR., Zulmar Duarte de. Comentário ao art. 947. In: ______; DELLORE, Luiz; GAJARDONI, Fernando da Fonseca; ROQUE, André. *Execução e recursos* – comentários ao CPC de 2015. 2ª ed. São Paulo: Método, 2018, p. 666).

64 Dessa maneira: "A inércia do Poder Judiciário deve se dar tão somente em relação à instauração do processo, pois, depois de iniciado, o processo pode e deve ter continuidade e impulso oficial. Portanto, os processos instaurados precisam se desenvolver e, para tanto, a direção e iniciativa dos juízes é fundamental" (MENDES, Aluisio Gonçalves de Castro. *Teoria geral do processo*. Rio de Janeiro: Lumen Juris, 2009, p. 26).

65 LEMOS, Vinicius Silva. *O incidente de assunção de competência:* da conceituação à procedimentalidade. Salvador: JusPodivm, 2018, pp. 123-124.

sa autorizadora da conversão entre os incidentes é, portanto, um falso problema.

Enfim, é importante compreender que se está diante de uma fungibilidade de mão dupla, semelhante àquela criada pelo Código Fux entre o recurso especial e o recurso extraordinário[66]. Ou seja: tanto um IAC pode ser admitido como IRDR ou recurso repetitivo como o oposto.

Na primeira hipótese[67], o órgão responsável pelo juízo de admissibilidade do incidente de assunção (colegiado ampliado), percebendo a presença dos requisitos para o incidente repressivo, pode[68]:

> i) conhecer a proposição como se fosse de um IRDR ou recurso repetitivo, se tiver competência, pelo regimento interno, também para seu julgamento;
>
> ii) não admitir o incidente preventivo e propor, de ofício, a instauração do incidente relativo a casos repetitivos, ao presidente da Corte, se não tiver competência para seu julgamento.

Na situação inversa, a mesma lógica se aplica, quanto à possibilidade de pronta admissão como IAC do pedido de instauração

---

66 "Art. 1.032. Se o relator, no Superior Tribunal de Justiça, entender que o recurso especial versa sobre questão constitucional, deverá conceder prazo de 15 (quinze) dias para que o recorrente demonstre a existência de repercussão geral e se manifeste sobre a questão constitucional. Parágrafo único. Cumprida a diligência de que trata o *caput*, o relator remeterá o recurso ao Supremo Tribunal Federal, que, em juízo de admissibilidade, poderá devolvê-lo ao Superior Tribunal de Justiça.
Art. 1.033. Se o Supremo Tribunal Federal considerar como reflexa a ofensa à Constituição afirmada no recurso extraordinário, por pressupor a revisão da interpretação de lei federal ou de tratado, remetê-lo-á ao Superior Tribunal de Justiça para julgamento como recurso especial."

67 A título de exemplo, ver: IRDR 4 do TJ/PR, Rel. Des. Luiz Osório Moraes Panza, decorrente do IAC 1.677.689-3, suscitado pela 5ª Câmara Criminal do Tribunal de Justiça do Estado do Paraná.

68 No mesmo sentido: LEMOS, Vinicius Silva. *O incidente de assunção de competência:* da conceituação à procedimentalidade. Salvador: JusPodivm, 2018, pp. 125-128.

de incidente repressivo. Contudo, uma questão ulterior se coloca: no incidente preventivo, existe um deslocamento de competência para julgamento do processo (recurso, ação originária ou remessa necessária), enquanto no IRDR desloca-se tão somente o incidente, considerando-se a inconstitucionalidade formal e material da previsão de prevenção contida no parágrafo único do art. 978 do CPC[69].

Então, ao receber a provocação de processamento de um incidente de resolução de demandas repetitivas, o colegiado responsável pelo incidente de assunção teria que "avocar" a competência para julgar um caso concreto existente no tribunal ou receber esse IAC como um procedimento modelo, apenas fixando a tese a ser aplicada em relações jurídicas semelhantes.

Não seria, aliás, o único caso em que um incidente de assunção de competência seria julgado abstratamente, já que o regimento interno do Superior Tribunal de Justiça, acertadamente, prevê que a desistência do recurso ou da ação de competência originária não impede seu prosseguimento (art. 271-B, §2º), a exemplo do que ocorre nos incidentes repressivos (art. 976, §1º):

> Art. 271-B. O relator ou o Presidente proporá, de ofício ou a requerimento da parte, do Ministério Público ou da Defensoria Pública, na forma preconizada pelo Capítulo II-B do Título IX da Parte I do Regimento Interno, mediante decisão irrecorrível, a assunção de competência de julgamento de recurso, de remessa necessária ou de processo de competência originária que envolver relevante questão de direito, com grande repercussão social, sem repetição em múltiplos processos.
>
> (...)
>
> § 2º A desistência ou o abandono do processo não impedem o exame do mérito.

69 MENDES, Aluisio Gonçalves de Castro. *Incidente de Resolução de Demandas Repetitivas:* sistematização, análise e interpretação do novo instituto processual. Rio de Janeiro: Forense, 2017.

Capítulo 7

PROCEDIMENTO

Analisados aspectos estruturais do incidente, passa-se ao estudo dos demais elementos, através das etapas do procedimento, desde a instauração até a definitiva fixação da tese.

A respeito do procedimento, já reconheceu o Superior Tribunal de Justiça que:

> O incidente visa, precipuamente, seguindo a *ratio* do novo Código de Processo Civil, simplificar as exigências procedimentais, imprimindo maior grau de organicidade ao sistema, com o fim de privilegiar a segurança jurídica[1].

7.1. Instauração

Os legitimados, previamente vistos, ao verificarem a presença dos pressupostos de cabimento, estão chamados a deflagrar os incidentes.

Essa provocação guarda, em paralelo com a petição inicial, requisitos formais específicos, que com os desta não se confundem[2]. Há, então, o pressuposto de instauração consistente na regularidade formal, com duas exigências.

---

1 IAC no REsp 1.303.374/ES, Rel. Min. Luis Felipe Salomão, Segunda Seção, julgado em 14/06/2017.

2 "Daí por que o IRDR deve obedecer ao regime jurídico dos incidentes processuais, de modo que: (...) (c) o requerimento de instauração do incidente não precisa obedecer aos requisitos próprios de uma petição inicial (valor da causa, por exemplo). Deve apenas ser endereçado ao Presidente do tribunal competente e demonstrar o preenchimento dos pressupostos para sua instauração, como, por exemplo, a comprovação da efetiva repetição de processos sobre a mesma questão de direito" (CAVALCANTI, Marcos de Araújo. *Incidente de resolução de demandas repetititas* [IRDR]. Sao Paulo: Revistas dos Tribunais, 2016. Acesso eletrônico).

A primeira é o respeito ao instrumento, à forma estatuída em lei. No incidente preventivo, o deslocamento para o órgão destacado pelo regimento interno pode ser promovido pelo relator, de ofício, ou por requerimento das partes, Defensoria Pública e Ministério Público. Aqui, diferentemente do que sucede no IRDR, o pedido se dirige ao relator do processo concreto, não diretamente ao presidente da Corte.

A segunda exigência é a presença de documentos, o máximo possível e necessário para que se demonstre a existência dos requisitos de cabimento[3], como cópias de petições ou decisões em outros processos, ou até notícias[4], bem como certidões dos tribunais superiores atestando a inexistência de recurso afetado.

Podem ocorrer instaurações múltiplas, no mesmo tribunal. Se suceder assim no interior de uma mesma Corte, sugere-se a reunião dos dois incidentes[5] ou processos, no órgão e na relatoria do julgador que primeiro tenha proferido decisão de admissão, especificamente identificando a questão submetida a julgamento (art. 1.037, §3º).

7.1.1. Registro nos sistemas eletrônicos

A exemplo do que ocorre na *Group Litigation Order* inglesa[6], assegura o microssistema que a instauração dos incidentes

---

3 DANTAS, Bruno. Comentários aos artigos 976 a 987. In: WAMBIER, Teresa Arruda Alvim et al. (Coords.). *Breves comentários ao novo Código de Processo Civil.* São Paulo: Revista dos Tribunais, 2015. Acesso eletrônico.

4 MEDINA, José Miguel Garcia. *Novo Código de Processo Civil comentado.* São Paulo: Revista dos Tribunais, 2015, p. 1.325.

5 Enunciado 89 do FPPC.

6 MENDES, Aluisio Gonçalves de Castro. *Ações coletivas e meios de resolução coletiva de conflitos no direito comparado e nacional.* 4ª ed. São Paulo: Revista dos Tribunais, 2014. No mesmo sentido: "Interessante observar que as determinações, no regramento do nosso IRDR, para a 'mais ampla e específica divulgação e publicidade, por meio de registro eletrônico no Conselho Nacio-

de casos repetitivos será acompanhada da mais ampla divulgação e publicidade (art. 979). Trata-se de incumbência perfeitamente cabível ao tribunal, podendo ser realizada pelos Núcleos de Gerenciamento de Precedentes ou órgão correspondente.

No momento seguinte, com a decisão colegiada, em havendo diversa compreensão sobre a questão jurídica deveras controvertida, se ajustará o sistema eletrônico, tornando-o definitivo. Forma-se, assim, o banco de dados eletrônico com questões submetidas aos incidentes nos próprios tribunais, comunicado ao CNJ (art. 979, §1º).

O conteúdo do sistema eletrônico, regulamentado pela Resolução nº 235/2016 do CNJ, deve abranger as teses jurídicas, se já fixadas, ou a questão em debate, se antes do término do julgamento objetivo, bem como fundamentos determinantes e dispositivos normativos relacionados ao tema (art. 979, §2º).

Sem problemas, com base no microssistema de formação concentrada de precedentes ou de fixação de tese jurídicas, aplica-se a previsão ao incidente de assunção de competência[7].

---

nal Justiça' e para que os tribunais mantenham 'banco eletrônico de dados atualizados com informações específicas sobre questões de direito submetidas ao incidente, comunicando-o imediatamente ao Conselho Nacional de Justiça para inclusão no cadastro' (CPC/2015, art. 979, *caput* e § 1º), evocam o contido na *Rule* 19:11 da CPR inglesa, que, basicamente, atribui análogas incumbências à *management court* – tribunal encarregado do trâmite da GLO – notadamente quanto à criação e manutenção do *group registrer* (cadastro de processos coletivos, em tradução aproximada), o que denota o interesse público e social que permeia o manejo judicial da litigância massiva" (MANCUSO, Rodolfo de Camargo. *Incidente de resolução de demandas repetitivas:* a luta contra a dispersão jurisprudencial excessiva. São Paulo: Revista dos Tribunais, 2016, p. 171).

7 Enunciado 591 do FPPC: O tribunal dará ampla publicidade ao acórdão que decidiu pela instauração do incidente de arguição de inconstitucionalidade, incidente de assunção de competência ou incidente de resolução de demandas repetitivas, cabendo, entre outras medidas, sua publicação em seção específica no órgão oficial e indicação clara na página do tribunal na rede mundial de computadores.

As Cortes devem estatuir cadastro didático, acessível e próprio dos incidentes instaurados, admitidos e/ou julgados, marcando cada uma dessas etapas. O Superior Tribunal de Justiça, a propósito, traz esse imperativo no seu regimento interno (art. 271-G, parágrafo único[8]).

7.1.2. Dispensa de custas

Os incidentes fixadores de tese guardam peculiaridade quanto às custas processuais. Não há, por força do art. 976, §5º, pagamento de qualquer natureza, por parte dos sujeitos envolvidos no incidente de caráter objetivo – regra compatível com o IAC[9].

Trata-se de solução atenta à própria natureza do incidente, de interesse difuso, por revelar posicionamento do tribunal aplicável a todos os que se subordinam ao ordenamento nacional, bem como às consequências da imposição dos gastos, capaz de desestimular os legitimados, notadamente as partes.

Evidentemente, os incidentes não são gratuitos, sendo bem possível que custem bastante para as Cortes. No entanto, o legislador dispensou os interessados e legitimados de seu pagamento, oxalá tendo previsto o impacto que daí adviria para os tribunais, pretensamente sendo compensável com a receita advinda de todos os demais processos.

Na experiência alemã, existe repartição de custas no procedimento modelo e sistemática de sucumbência para os recursos

---

8 "Art. 271-G. (...) Parágrafo único. O Superior Tribunal de Justiça manterá, em sua página na internet, em destaque, relação dos incidentes de assunção de competência pendentes de julgamento e julgados, com a indicação da respectiva descrição da questão de direito e com o número sequencial do incidente."

9 OLIVEIRA JR., Zulmar Duarte de. Comentário ao art. 947. In: ______; DELLORE, Luiz; GAJARDONI, Fernando da Fonseca; ROQUE, André. *Execução e recursos* – comentários ao CPC de 2015. 2ª ed. São Paulo: Método, 2018, p. 670.

decorrentes da solução adotada[10]. O Código de Processo Civil optou por outra lógica, o que se justifica pela prioridade na formação concentrada de "precedente", sendo a gestão coletiva de processos efeito acessório, por mais desejado que seja.

Outras questões surgem, como o pagamento de honorários, sobretudo os recursais, previstos na regra geral do art. 85, §§ 1º e 11. Em havendo recurso contra o mérito do incidente, de uma das partes, inegável que sucederá "trabalho adicional" do patrono.

No entanto, a saída parece ser compreender que houve divisão de gastos: no procedimento objetivo não há gasto para os participantes; nos seus processos subjetivos, em que a tese fixada gerará efeitos, existe regular pagamento das despesas processuais, genericamente compreendidas (custas, honorários e afins).

7.2. Decisão de admissão

Ante o sintético tratamento legislativo do incidente de assunção, surgem questionamentos a respeito do seu procedimento e, de forma concreta, quanto à sua admissibilidade.

Uma primeira interpretação, de Osmar Paixão[11], unifica, em termos práticos, os incidentes fixadores de tese, sustentando que a admissibilidade do IAC se daria, exclusivamente, no órgão competente para seu julgamento final. Essa dinâmica, adotada, aparentemente, pelo regimento interno do Superior Tribunal de Justiça, que só menciona juízo de admissibilidade pelo relator do incidente, consagra uma análise monofásica:

---

10 Para exposição detalhada, ver: MENDES, Aluisio Gonçalves de Castro. *Incidente de resolução de demandas repetitivas:* sistematização, análise e interpretação do novo instituto processual. Rio de Janeiro: Forense, 2017, p. 135.

11 CÔRTES, Osmar Mendes Paixão. Comentário ao artigo 947. In: WAMBIER, Teresa Arruda Alvim et al. (Coords.). *Breves comentários ao novo Código de Processo Civil.* São Paulo: Revista dos Tribunais, 2015. Acesso eletrônico.

> Art. 271-B. O relator ou o Presidente proporá, de ofício ou a requerimento da parte, do Ministério Público ou da Defensoria Pública, na forma preconizada pelo Capítulo II-B do Título IX da Parte I do Regimento Interno, mediante decisão irrecorrível, a assunção de competência de julgamento de recurso, de remessa necessária ou de processo de competência originária que envolver relevante questão de direito, com grande repercussão social, sem repetição em múltiplos processos.
>
> § 1º A Corte Especial ou a Seção, conforme o caso, admitirá o recurso, a remessa necessária ou o processo de competência originária se reconhecer interesse público na assunção de competência.

Outra opção hermenêutica constata que o incidente preventivo guarda peculiaridade no tocante ao juízo de admissibilidade, o qual seria bifásico, ao contrário do que ocorre nos incidentes de casos repetitivos, onde o procedimento é inaugurado no colegiado ampliado[12].

Ainda assim, discutível se a primeira análise de admissibilidade seria realizada pelo relator, como entende Humberto Theodoro Júnior[13], ou pelo órgão colegiado, posição de Vinicius Lemos, Luiz Guilherme Marinoni, Daniel Mitidiero e Sérgio Arenhart[14], ao qual pertence, ou, ainda, por ambos, como entendem Fredie Didier e Leonardo Cunha[15]. Trata-se de opção que pode ser feita pelo regimento interno do tribunal.

No IAC, o relator (ou o colegiado) originário, de ofício ou a requerimento das partes, do Ministério Público ou da Defensoria Pública, realiza um primeiro juízo (de propositura, *admissibilidade*

---

12 Embora possa, em tese, ser suscitado também por órgão fracionário.

13 THEODORO JUNIOR, Humberto. *Curso de Direito processual civil*. v. 3. 47ª ed. Rio de Janeiro: Forense, 2016, p. 443.

14 LEMOS, Vinicius Silva. *O incidente de assunção de competência:* da conceituação à procedimentalidade. Salvador: JusPodivm, 2018, p. 113; MARINONI, Luiz Guilherme; MITIDIERO, Daniel; ARENHART, Sergio Cruz. *Novo Curso de processo civil*. v. 2. São Paulo: Revista dos Tribunais, 2015, p. 56.

15 Admitindo ambas as hipóteses: DIDIER JR., Fredie; CUNHA, Leonardo Carneiro da. *Curso de direito processual civil*. v. 3. 14ª ed. Salvador: JusPodivm, 2017, pp. 769-770.

prévia ou decisão de deslocamento[16]), e, sendo positivo, remete-se o processo para o colegiado competente para decidir o incidente, que fará nova averiguação dos requisitos de instauração (*admissibilidade definitiva* ou decisão de admissibilidade) – dentre os quais, aqui, o interesse público na assunção.

Essa deliberação final pelo colegiado maior, inclusive, retiraria interesse recursal de um eventual agravo interno contra a decisão positiva do relator[17]. Quando a provocação for da parte ou do MP e da DP, o relator ostenta competência para o indeferimento monocrático, podendo levar a questão ao colegiado originário, para deliberação. Em caso de indeferimento, pelo Relator, monocraticamente, da propositura do IAC, cabível o agravo interno.

Naturalmente, o colegiado competente para julgamento do IAC não está condicionado pelo juízo anterior – ainda que advindo de outro colegiado.

Por exemplo, o colegiado que o regimento interno elegeu para julgar o IRDR, não admitido por ausência de repetitividade, pode aplicar a fungibilidade com consequente remessa do incidente para o órgão competente para decidir o IAC – que terá a palavra final em termos de admissibilidade[18].

---

16 Admissibilidade prévia e admissibilidade definitiva são nomenclaturas usadas por LEMOS, Vinicius Silva. *O incidente de assunção de competência:* da conceituação à procedimentalidade. Salvador: JusPodivm, 2018. Juízo de deslocamento e juízo de admissibilidade são nomenclaturas usadas por MARINONI, Luiz Guilherme. Sobre o incidente de assunção de competência. *Revista de Processo*, v. 260, out. 2016.

17 "A decisão do relator que der início ao incidente não poderá ser objeto de agravo interno. Isso porque, a despeito da amplitude do recurso de agravo interno, não há interesse recursal na medida em que o colegiado é que deliberará, ao final, sobre a pertinência ou não da assunção de competência" (CÔRTES, Osmar Mendes Paixão. Comentário ao artigo 947. In: WAMBIER, Teresa Arruda Alvim et al. (Coords.). *Breves comentários ao novo Código de Processo Civil.* São Paulo: Revista dos Tribunais, 2015. Acesso eletrônico).

18 Foi o ocorrido no IAC 0010158-18.2016.8.24.0000 do Tribunal de Justiça de Santa Catarina (Órgão Especial, rel. Des. Francisco Oliveira Neto, julgado em 05/09/2018).

Chegando o processo no órgão colegiado definido pelo regimento interno como competente para julgar o incidente, há novo juízo de admissibilidade, desta vez definitivo, o qual, caso reste negativo, levará à devolução do caso para o colegiado originário. Se o resultado da análise for positivo, este último órgão assume o julgamento – o que justifica a nomenclatura do instituto.

A deliberação pelo colegiado deve ser enriquecida pela oportunidade de sustentação oral, nos mesmos moldes da decisão final[19].

7.3. Decisão de afetação

Ainda na fase de admissibilidade do incidente[20], é possível traçar distinção entre a decisão de provocação do incidente, que analisa os pressupostos de cabimento, e a decisão de afetação, de conteúdo plural.

O microssistema dá sustentação a essa divisão teórica, que não necessariamente se operará, na prática, em momentos distintos (nada impede que o mesmo *decisum* veicule todos os objetos descritos). No art. 982, sobre o IRDR, o Código fala em "admitido o incidente", passando a expor os objetos da decisão de afetação, esclarecendo se tratar de duas etapas. Posteriormente, quando

---

19 Nessa linha, LEMOS, Vinicius Silva. *O incidente de assunção de competência:* da conceituação à procedimentalidade. Salvador: JusPodivm, 2018, p. 154; GAIO JÚNIOR, Antônio Pereira. Os perfis do incidente de assunção de competência no CPC/2015. In: GAIO JÚNIOR, Antônio Pereira (Org.). *Direito processual em movimento* – v. VIII. Curitiba: CRV, 2019, p. 22, e enunciado 651 do FPPC: É admissível sustentação oral na sessão de julgamento designada para o juízo de admissibilidade do incidente de resolução de demandas repetitivas ou do incidente de assunção de competência, sendo legitimados os mesmos sujeitos indicados nos arts. 984 e 947, §1º. Em sentido contrário: TJDFT (0013347-7520168070000).

20 Realizando a dicotomia entre a fase de admissibilidade e a fase de mérito, no IRDR: DANTAS, Bruno. Comentários aos artigos 976 a 987. In: WAMBIER, Teresa Arruda Alvim et al. (Coords.). *Breves comentários ao novo Código de Processo Civil.* São Paulo: Revista dos Tribunais, 2015. Acesso eletrônico.

trata do incidente de julgamento de recursos repetitivos, o art. 1.037 anuncia que o relator "proferirá decisão de afetação", após ter selecionado os recursos – o que indica que o conteúdo desse ato decisório não é (somente) a escolha de casos paradigmas.

A leitura conjunta dos dois tratamentos permite, então, concluir que: (i) a decisão de provocação da admissão é anterior à de afetação e que (ii) a decisão de afetação transborda a mera escolha de processos.

Antes de averiguar os conteúdos todos dessa central manifestação jurisdicional, cabe avaliar a competência para sua prolação. A literalidade dos arts. 982 e 1.037, que tratam do tema, indica que o relator seria o responsável. No entanto, estando inserta na fase de admissibilidade e, não raro, confundindo-se, formalmente, com a própria decisão de admissão[21], soa razoável que haja debate qualificado, no colegiado[22]. Afinal, se a definição menos impactante (a admissão ou inadmissão) não o negocia, também a decisão de maior eficácia imprescinde da ampla participação interna e de fundamentação idônea.

O texto, então, deve ser interpretado no sentido de que o relator externará o entendimento do colegiado, que é o juízo natural do procedimento.

A exemplo da decisão de admissibilidade, a de afetação também não desafiará recurso, à exceção dos embargos declaratórios[23].

---

21 Parcela da doutrina não enxerga a distinção ora proposta (DANTAS, Bruno. Comentários aos artigos 976 a 987. In: WAMBIER, Teresa Arruda Alvim et al. [Coords.]. *Breves comentários ao novo Código de Processo Civil.* São Paulo: Revista dos Tribunais, 2015. Acesso eletrônico.) e outra sustenta que parte do conteúdo da decisão de afetação seria, na verdade, da decisão de admissão (TEMER, Sofia. *Incidente de resolução de demandas repetitivas.* Salvador: JusPodivm, 2016).

22 No mesmo sentido, voto vencido do Min. Marco Aurélio no RE 966.177 QO RG/RS, reconhecendo a desproporcionalidade entre a suspensão nacional por um relator, enquanto a liminar em controle concentrado de constitucionalidade exige o voto de seis ministros.

23 "A decisão proferida no juízo de admissibilidade do IRDR é irrecorrível, seja ela positiva ou negativa. Essa irrecorribilidade, evidentemente, não se estende à

O incidente de assunção de competência, embora tenha peculiaridades várias em relação aos incidentes de julgamento de questões repetitivas, também pode possuir decisão de afetação, nos moldes a seguir.

7.3.1. Escolha de casos paradigmas

No IAC, a assumida escolha do legislador de considerar o instituto como modalidade de causa piloto, levando o processo ou recurso original a julgamento pelo novo colegiado, traz consequências elementares.

Na prática, o processo afetado, no incidente de assunção, será aquele a partir do qual foi instaurado, como deixa transparecer o Código. Por isso é que o colegiado, ao proferir a decisão de afetação, fica condicionado pelo requerimento dos legitimados, podendo, quanto ao processo em que se suscitou o IAC, apenas decidir se os requisitos estão ou não presentes

É de se questionar, porém, se outros processos pendentes de apreciação por órgãos fracionários do tribunal não poderiam ser também afetados (seguindo-se os critérios mencionados para os incidentes repressivos).

Parece positiva a resposta. Nada impede (a não ser que haja preclusão temporal, por já ter sido julgado) que mais de um processo seja levado ao colegiado eleito pelo regimento interno.

E mais: também não haveria problema em, a partir da provocação de instauração do IAC, se eleger não o processo originário a partir do qual o incidente foi suscitado, mas outro, em trâmite

oposição dos embargos declaratórios, que visam a aperfeiçoar a decisão, tornando-a mais clara e inteligível" (DANTAS, Bruno. Comentários aos artigos 976 a 987. In: WAMBIER, Teresa Arruda Alvim et al. [Coords.]. *Breves comentários ao novo Código de Processo Civil*. São Paulo: Revista dos Tribunais, 2015. Acesso eletrônico.).

no tribunal, que melhor exemplifique a controvérsia[24]. Aplica-se, aqui, a previsão do regimento interno do STJ para o rito dos repetitivos (art. 256-O):

> Art. 256-O. Desafetado o processo da sistemática do recurso repetitivo, deverão constar da decisão ou do resultado do julgamento as consequências desse ato e sua motivação.
>
> § 1º Caso não seja cancelado o tema, a decisão de que trata o *caput* explicitará, ainda, se há necessidade de envio de novos recursos representativos da controvérsia tratando da mesma questão de direito, em substituição, para julgamento do mérito do tema.
>
> § 2º A Secretaria comunicará o teor da decisão proferida nos termos do *caput* e do § 1º deste artigo aos Ministros integrantes do respectivo órgão julgador e aos Tribunais de origem.
>
> § 3º Os recursos especiais enviados em substituição serão distribuídos por dependência ao Ministro que determinou a desafetação do recurso especial ou ao sucessor do acervo, excetuada a hipótese de o Ministro não compor mais o órgão julgador competente para apreciar a matéria ou de alteração de competência para apreciação da matéria, caso em que o recurso será distribuído entre os integrantes do órgão julgador competente para apreciar a questão.
>
> § 4º Na hipótese do § 2º deste artigo, os recursos anteriormente suspensos permanecerão nessa condição, vinculados ao número do tema no STJ.
>
> § 5º Caso seja cancelado o tema, os processos suspensos em todo o território nacional retomarão seu curso normal.

Por isso mesmo, se outorga legitimidade ao Ministério Público e à Defensoria Pública, ainda que não atuantes naquela

---

24 Posição adotada no voto da Min. Nancy Andrighi, no sentido de desafetar o recurso especial e afetar processos do tipo "conflito de competência" na ProAfR no REsp 1.799.343/SP, Rel. Min. Paulo de Tarso Sanseverino, Segunda Seção, julgado em 09/04/2019.

relação processual específica. Pela via transversa, o relator do caso adequado poderia ser instado a instaurar o incidente.

No fundo, o essencial no incidente preventivo é o mesmo que nos incidentes repressivos, por serem instrumentos do mesmo microssistema: fixar a tese jurídica, pacificando e vinculando. Tanto assim que, para o Superior Tribunal de Justiça[25], a desistência ou o abandono do processo afetado não impedem o prosseguimento, dessubjetivado, do IAC.

De todo modo, caso não se admita a afetação de outros processos em trâmite para julgamento pelo colegiado no incidente, é salutar que sejam suspensos, para que se aplique a tese fixada oportunamente[26].

7.3.2. Identificar a questão controvertida

É a decisão de afetação que esclarece o objeto do incidente. Esse conteúdo, crucial, se extrai do art. 1.037, I, tendo silenciado o legislador ao tratar do IAC – mas não o STJ, em seu regimento interno (art. 271-C[27]).

A lei exige que o órgão julgador aponte a questão controvertida "com precisão", isto é, claramente, de forma direta e compreensível, até porque assim será consignado nos cadastros eletrônicos do tribunal e do CNJ.

Trata-se de espécie de saneamento objetivo do incidente, que se estabiliza. Se, desde a instauração, deve ser divulgada a sua

---

25 Art. 271-B, §2º, do Regimento Interno do STJ.

26 Nessa linha: LEMOS, Vinicius Silva. *O incidente de assunção de competência: da conceituação à procedimentalidade*. Salvador: JusPodivm, 2018, p. 142.

27 "Art. 271-C. Na decisão que determinou a assunção de competência, o relator ou o Presidente identificará com precisão a questão a ser submetida a julgamento."

existência, inclusive com seu mérito, somente com a decisão de afetação é possível ter, em caráter pretensamente definitivo, o mérito do julgamento vindouro. A delimitação pelo próprio colegiado, na anterior decisão de admissibilidade, é, portanto, provisória[28].

De todo modo, não causa espécie que, por ocasião da afetação, se diminua o objeto anteriormente destacado, pois não haverá prejuízo considerável, vez que a suspensão dos processos somente se efetua nessa mesma ocasião.

A redação originária do Código trazia comando voltado ao microssistema que impedia que o órgão colegiado julgasse, para fins dos efeitos da tese (arts. 985 e 1.040), questão não apontada na decisão de afetação (art. 1.036, §2º), o que prestigiava a adstrição do julgamento final com essa avaliação preliminar[29]-[30]. Mesmo com a extinção do comando, há entendimento no sentido da rígida delimitação, sob pena de ofensa à segurança jurídica,

---

28 Sustentando ser provisória a delimitação da questão na decisão de admissão: TEMER, Sofia. *Incidente de resolução de demandas repetitivas*. Salvador: JusPodivm, 2016.

29 HILL, Flávia Pereira. Breves comentários às principais inovações quanto aos meios de impugnação das decisões judiciais no novo CPC. In: DIDIER JR., Fredie (Coord.). *Processo nos tribunais e meios de impugnação às decisões judiciais*. Salvador: JusPodivm, 2016, p. 506.

30 "Ademais, tal fixação limita os efeitos da decisão proferida pelo colegiado nos moldes do art. 1.040, eis que o § 2º do art. 1.037 impõe uma vedação de julgamento da questão não delimitada na decisão de afetação. Caso o Tribunal Superior amplie o debate, os argumentos não poderão ser interpretados como fundamento determinante (*ratio decidendi*), mas como mera opinião, sem caráter obrigatório (*obter dicta*)" (NUNES, Dierle. Comentário ao artigo 1.038. In: WAMBIER, Teresa Arruda Alvim et al. (Coords.). *Breves comentários ao novo Código de Processo Civil.* São Paulo: Revista dos Tribunais, 2015. Acesso eletrônico).

à representatividade adequada, à publicidade e ao contraditório[31], mormente em sua feição de proibição de surpresa[32].

Outra solução, buscando dar eficácia à modificação apontada, é compreender que o tribunal não está mais engessado, sendo viável a readequação da questão jurídica, a requerimento de

---

31 "Dessa forma, em não havendo identificação e estabilização do objeto do incidente, nos parece clara a violação ao contraditório, seja por ofensa expressa ao art. 10 do CPC – que se aplica igualmente às questões de direito – seja pelo recrudescimento da ofensa decorrente da ausência de participação com influência e paridade de armas de todos aqueles que serão atingidos pela resolução da controvérsia, de forma vinculante. (...) Permitir a modificação do objeto do processo após o juízo de admissibilidade faz ruir de forma categórica os mecanismos de salvaguarda do contraditório – já fragilizados por opção do legislador e pela própria natureza do instituto. O ideal seria o controle judicial de adequação da representatividade dos interesses de todos aqueles possivelmente atingidos pela resolução da questão jurídica. Não havendo previsão legal e sendo mesmo de complexa análise fática tal averiguação em questões amplas, abstratas e, principalmente, processuais, a estabilização do objeto do processo já no juízo de admissibilidade confere um mínimo de segurança jurídica, previsibilidade e possibilidade de intervenção. A possibilidade de modificação do objeto do incidente desnatura, igualmente, a previsão do art. 979 do CPC da ampla divulgação e publicidade da instauração, medida também adotada com a finalidade de mitigar a ofensa ao contraditório" (VARGAS, Daniel. Estabilidade objetiva no IRDR: escritos sobre congruência e eficácia vinculante. In: MELLO PORTO, José Roberto Sotero de; RODRIGUES, Roberto de Aragão Ribeiro. *Direito processual contemporâneo:* estudos em homenagem a Humberto Dalla Bernardina de Pinho. Rio de Janeiro: GZ, 2018, p. 141).

32 Mencionando especificamente o princípio da não surpresa, veja-se o IRDR – Cv nº 1.0079.13.005785-8/002, do TJ/MG: "IRDR – AMPLIAÇÃO DO OBJETO POSTERIORMENTE À INSTAURAÇÃO – PRINCÍPIO DA NÃO SURPRESA – DESCABIMENTO. Sem embargo da possibilidade de aplicação da tese firmada em sede de IRDR em situações fático-jurídicas semelhantes, como precedente jurisprudencial, não se mostra possível a ampliação do objeto do incidente após a sua instauração, em obediência à segurança jurídica e ao princípio da não surpresa, positivado em nosso ordenamento processual no art. 10, do novo CPC. A tese jurídica a ser firmada por este eg. Órgão Julgador circunscreve-se a responder ao questionamento com base no qual foi instaurado o presente incidente, sob pena de desvirtuamento de sua precípua função de pacificação de controvérsia de direito, mediante temerária abrangência de múltiplas situações fáticas que transcendem ao objeto de definição".

um dos intervenientes ou de ofício[33]. A efetividade a ser extraída da técnica pode recomendar que, após a robusta instrução que a compõe, seja imperativo e ponderado que se amplie o objeto da tese. Evidentemente, essa maleabilidade deverá ter caráter excepcional, evitando verdadeiro sepultamento da segurança jurídica, pilar do microssistema.

A problemática não se confunde com a restrição do juízo aos argumentos ofertados pelos processos afetados e pelos demais sujeitos a integrar o incidente. Traçando um paralelo com as dimensões do efeito devolutivo, por mais que haja, como regra, limitação ao aspecto horizontal, devendo a Corte se pronunciar sobre tema previamente destacado, não estará jamais limitada aos fundamentos apresentados[34], podendo verticalizar a questão.

7.3.3. Prevenção do relator/órgão colegiado

O órgão julgador que primeiro profere a decisão de afetação estará prevento para o julgamento objetivo da questão (art. 1.037, §3º). Essa previsão normativa tem caráter prático e se volta àquelas hipóteses de instaurações múltiplas ou plúrimas.

Pode-se interpretar o dispositivo, ainda, no sentido de que, em existindo vários órgãos colegiados[35] destacados pelo regimento interno do tribunal, aquele que primeiro identificar a questão submetida a julgamento será o responsável pela fixação da tese.

---

33 MENDES, Aluisio Gonçalves de Castro. *Incidente de resolução de demandas repetitivas:* sistematização, análise e interpretação do novo instituto processual. Rio de Janeiro, Forense, 2017, p. 181.

34 Nessa linha, o TJ/RJ (IRDR 0018608-85.2016.8.19.0000, Des. Rel. Sérgio Ricardo de Arruda Fernandes, Seção Cível, julgado em 19/05/2017).

35 Embora esta não seja a opção ideal, pois, para que o tribunal possa manter uma jurisprudência íntegra e estável, o ideal é que haja sempre órgãos plenos ou representativos, de todo o tribunal ou da matéria específica, para a uniformização do respectivo entendimento.

7.3.4. Suspensão das ações em curso

Quando trata do incidente de assunção de competência, o Código não traz previsão de suspensão obrigatória dos processos. O silêncio, conforme decisões do Superior Tribunal de Justiça[36], é proposital, inexistindo a preocupação de gestão de estoque do microssistema de casos repetitivos. Não fosse a exigência de um processo em trâmite no tribunal e o IAC poderia ter natureza preventiva absoluta, sendo possível que não houvesse qualquer processo a ser suspenso.

Não é de todo correto, porém, afirmar que não existe suspensão no incidente preventivo. Isso porque há uma inegável suspensão, pontual, do processo paradigma, que terá que ser remetido ao colegiado ampliado, que, por sua vez, apenas o analisará após a fixação da tese jurídica.

A suspensão externa, contudo, que vai além desse caso afetado, não é óbvia no IAC. Na verdade, embora a lei não preveja essa possibilidade, pode-se admitir que ocorra a suspensão global, externa, de outras relações jurídicas processuais em curso, por aplicação analógica dos comandos atinentes aos incidentes preventivos, modalidades outras no microssistema de fixação de teses jurídicas[37].

Para tanto, o relator ou o colegiado (a depender da posição adotada sobre a competência para a decisão de afetação) deverá proferir decisão, absolutamente fundamentada[38], apresentan-

---

36 AgInt no AgRg no AREsp 611.249/SP, Rel. Min. Moura Ribeiro, Terceira Turma, julgado em 26/09/2017.

37 Enxergando a suspensão como uma medida prudente: GAIO JÚNIOR, Antônio Pereira. Os perfis do incidente de assunção de competência no CPC/2015. In: GAIO JÚNIOR, Antônio Pereira (Org.). *Direito processual em movimento* – v. VIII. Curitiba: CRV, 2019, p. 22.

38 Admitindo a suspensão, "com parcimônia": LEMOS, Vinicius Silva. *O incidente de assunção de competência:* da conceituação à procedimentalidade. Salvador: JusPodivm, 2018, p. 139. Para o autor, a regulamentação da suspensão poderia vir em lei estadual, por se tratar de procedimento – com o que não

do os requisitos para a tutela provisória – na hipótese, cautelar – de suspensão de processos. O Código não presume nem define a questão, mas também não a proíbe, devendo a solução emergir do regramento geral do diploma[39]. Também a previsão atinente à repercussão geral, com suspensão de todos os processos em trâmite no país após o reconhecimento do requisito específico de admissibilidade dos recursos extraordinários (art. 1.035, §5º[40]), funciona como argumento de reforço, utilizável por analogia.

A jurisprudência do Superior Tribunal de Justiça, inclusive, tem seguido essa orientação, decidindo-se, pontualmente, pela suspensão de todos os processos que versem sobre a questão objeto do incidente, em decisão de admissibilidade – inclusive, monocrátia, posteriormente referendada pelo colegiado competente[41].

7.3.5. Requisição de informações e de processos

Medida de caráter instrutório, também a fazer parte da decisão de afetação, é a requisição de informações aos órgãos onde tramitam processos sobre a matéria (arts. 982, II e 1.038, III) ou de outros processos representativos da controvérsia (art. 1.037, III).

---

estamos de acordo, já que se trata de instituto processual, no qual o contraditório se revela essencial.

---

39 "Art. 300. A tutela de urgência será concedida quando houver elementos que evidenciem a probabilidade do direito e o perigo de dano ou o risco ao resultado útil do processo."

40 "Art. 1.035
§ 5º Reconhecida a repercussão geral, o relator no Supremo Tribunal Federal determinará a suspensão do processamento de todos os processos pendentes, individuais ou coletivos, que versem sobre a questão e tramitem no território nacional."

41 QO no CC 170.051/RS, Rel. Ministro Mauro Campbell Marques, Primeira Seção, julgado em 26/08/2020, que referendou prévia suspensão monocrática de 17/12/2019.

As duas opções devem ser lidas como integrantes do microssistema, de modo que em todas as espécies de incidente o órgão colegiado pode optar por qualquer uma das requisições, ou mesmo por ambas. Existe divergência considerável sobre a obrigatoriedade[42] em assim se proceder ou não[43].

De todo modo, há que se compreender como um componente instrutório do julgamento, capaz de ampliar objetivamente o debate, com novos argumentos e fundamentos. Essa natureza se aplica, também, à requisição de outros processos e recursos sobre a matéria, que, além de possivelmente serem afetados para posterior aplicação da tese (como esclarece o art. 1.038, §7º), têm função precípua de alargar o debate e a instrução de direito.

Igualmente, no IAC a ampliação dos elementos de cognição do colegiado pode se dar pela via da juntada de processos outros, independentemente daquele a partir do qual se suscitou o incidente[44].

Além disso, é ínsita à admissibilidade do incidente a comunicação da afetação aos órgãos jurisdicionais que se vincularão à tese a ser fixada – elemento que o Superior Tribunal de Justiça

---

42 Considerando obrigatória a requisição de informações: CÂMARA, Alexandre Freitas. *O novo processo civil brasileiro.* 2ª ed. São Paulo: Atlas, 2016. p. 556; MANCUSO, Rodolfo de Camargo. *Incidente de resolução de demandas repetitivas:* a luta contra a dispersão jurisprudencial excessiva. São Paulo: Revista dos Tribunais, 2016. Na mesma linha, falando em "poder-dever": MENDES, Aluisio Gonçalves de Castro. *Incidente de resolução de demandas repetitivas:* sistematização, análise e interpretação do novo instituto processual. Rio de Janeiro: Forense, 2017, p. 199. Em sentido contrário, seguindo o texto da lei, que fala em "poderá": DANTAS, Bruno. Comentários aos artigos 976 a 987. In: WAMBIER, Teresa Arruda Alvim et al. (Coords.). *Breves comentários ao novo Código de Processo Civil.* São Paulo: Revista dos Tribunais, 2015. Acesso eletrônico.

43 Contrariamente, quanto à requisição de outros processos, considerada facultativa: CÂMARA, Alexandre Freitas. *O novo processo civil brasileiro.* 2ª ed. São Paulo: Atlas, 2016, p. 555; LEMOS, Vinicius Silva. *O incidente de assunção de competência:* da conceituação à procedimentalidade. Salvador: JusPodivm, 2018, p. 161.

44 Na mesma linha: LEMOS, Vinicius Silva. *O incidente de assunção de competência:* da conceituação à procedimentalidade. Salvador: JusPodivm, 2018, p. 140.

aplica ao incidente de assunção de competência, lançando mão do rito dos repetitivos[45].

7.3.6. Intimação do Ministério Público e da Defensoria Pública

Outro elemento da decisão de afetação é a intimação do Ministério Público, para que se manifeste em 15 dias (arts. 982, III e 1.038, III, pelo microssistema, e art. 271-B, §3º, do regimento interno do STJ[46])[47]. Como visto oportunamente, o importante é a provocação para que o MP se manifeste, cabendo ao seu membro, lançando mão da independência funcional, decidir sobre a efetiva participação, importante elemento de contraditório institucional, a representar a própria sociedade[48].

Sustenta-se, ainda, que também a Defensoria Pública deveria ser intimada a se manifestar, por poder contribuir decisivamente para o enriquecimento democrático e jurídico do procedimento de debate qualificado, se presente a pertinência temática com a função da instituição. A presença efetiva da referida instituição no

---

45 "(...) suscito, de ofício, a admissão do incidente de assunção de competência no presente recurso ordinário, nos termos dos arts. 947, § 4º, do CPC/2015 e 271-B do RISTJ, observadas as seguintes providências: (...)
b) por analogia com o rito dos repetitivos, comunicação, com cópia da presente decisão colegiada de afetação, aos Ministros da Primeira Seção do STJ, aos Presidentes dos Tribunais Regionais Federais e Tribunais de Justiça;" (IAC no RMS 53.720/SP, Rel. Min. Sérgio Kukina, Primeira Seção, julgado em 11/10/2017).

46 "Art. 271-B
§ 3º Se não for o requerente, o Ministério Público intervirá obrigatoriamente no processo e deverá assumir sua titularidade em caso de desistência ou de abandono."

47 Enunciado 467 do FPPC: O Ministério Público deve ser obrigatoriamente intimado no incidente de assunção de competência.

48 WAMBIER, Teresa Arruda Alvim; CONCEIÇÃO, Maria Lúcia Lins; RIBEIRO, Leonardo Ferres da Silva; MELLO, Rogério Licastro Torres de. *Primeiros comentários ao novo Código de Processo Civil – artigo por artigo.* São Paulo: Revista dos Tribunais, 2015, p. 1.405.

amadurecimento da questão se revela, de resto, oportuna saída para a racionalização da participação das partes dos processos suspensos.

7.3.7. Fixação de tese provisória

Não se pode ignorar, contudo, uma possibilidade velada: a concessão de tutela provisória de urgência no incidente, de natureza antecipada, com a fixação de tese provisória, a vincular, nos moldes da decisão final, os órgãos julgadores subordinados ao tribunal[49]. Note-se que, no regramento codificado, há previsão de decisão cautelar, consistente na suspensão dos processos em trâmite[50]. O que ora se defende é coisa outra.

Com efeito, parece inexistir impedimento para a *definição provisória* de uma tese jurídica, se as circunstâncias assim recomendarem. Cabe ao colegiado inferir se os princípios fundamentadores da técnica são mais prestigiados com a mera suspensão de ações ou se uma tese provisória melhor os homenageará. A relevância desse passo é desautorizar, pela via reflexa, decisões dos juízos naturais dos processos sobrestados contrárias ao entendimento estatuído, brevemente e em cognição sumária.

A hipótese é completamente diversa da *suspensão*, pelo órgão competente para julgar o incidente, das *decisões provisórias*

---

49 A título de exemplo, cite-se a decisão do TJ/MG, na decisão de admissão do IRDR – Cv nº 1.0000.16.058664-0/006 : "Logo, dentre as providências já enunciadas pela Relatora e que devem ser adotadas pelo colegiado após a admissão, entendo que deve ser acolhido o pedido de tutela de urgência formulado pelo recorrente e o faço para dizer que fica obstado, no âmbito deste Tribunal, o não conhecimento de agravo de instrumento interposto em face de decisões proferidas no processo de recuperação judicial ou falimentar quando fundado no cabimento do referido recurso em face da possível taxatividade do art. 1.015, CPC até que o Tribunal aprecie o mérito do incidente".

50 Outra cogitada saída de aparente natureza cautelar seria a suspensão somente dos processos em curso nos órgãos jurisdicionais que notoriamente possuem entendimento contrário ao do colegiado qualificado para julgamento do incidente, evitando-se ofensas à isonomia.

proferidas pelos julgadores dos casos subjetivos. Na pretendida definição provisória de tese, (i) desenha-se orientação provisória, de efeitos gerais e similares aos da tese fixada ao final, (ii) o que se reveste de caráter objetivo, dessubjetivado, enquanto a suspensão automática de decisões dos juízes dos processos suspensos (i) usurpa a competência do juízo natural, na medida em que (ii) se profere decisão subjetiva, imiscuída, teoricamente, em cada ação suspensa.

7.4. Instrução

Encerrada a fase de admissibilidade, passará o colegiado à instrução, não probatória, mas jurídica, do incidente.

O regimento interno do STJ esclarece, em listagem exemplificativa, alguns meios para tanto: oitiva das partes, de interessados (art. 271-D, 1ª parte) e de entidades e pessoas com experiência e conhecimento na matéria, em audiência pública (art. 271-D, §1º), manifestação dos intervenientes e do Ministério Público Federal, e realização de diligências necessárias (art. 271-D, 2ª parte)[51].

Fica claro, assim, a potencialidade de existir produção de elementos de convencimento, nos incidentes, que podem se restringir a discussões jurídicas e hermenêuticas ou até se voltarem a dados concretos e empíricos, assegurando postura consequencialista dos tribunais.

---

51 "Art. 271-D. O relator ou o Presidente ouvirá as partes e os demais interessados, inclusive pessoas, órgãos e entidades com interesse na controvérsia, que, no prazo comum de quinze dias, poderão requerer a juntada de documentos, bem como as diligências necessárias para a elucidação da questão de direito controvertida; em seguida, manifestar-se-á o Ministério Público Federal no mesmo prazo.
§ 1º A fim de instruir o procedimento, pode o Presidente ou o relator, nos termos dos arts. 185 e 186 deste Regimento, fixar data para ouvir pessoas ou entidades com experiência e conhecimento na matéria em audiência pública."

7.4.1. Ampliação objetiva: requisição de informações

Interessante medida a colaborar nessa etapa é a requisição de informações e de processos (a título de informação), analisada dentro da decisão de afetação. Trata-se de mecanismo de ampliação objetiva do debate, a permitir o diálogo institucional entre tribunais superiores e inferiores, bem como entre juízos das instâncias ordinárias, inerente ao modelo constitucional de processo democrático[52].

Trata-se de papel de controle do devido processo legal ao próprio Poder Judiciário, responsável pela escolha dos melhores fundamentos e pela correta delimitação da questão jurídica debatida, algo fundamental no novel modelo de sistemas paralelos[53].

7.4.2. Ampliação subjetiva: intervenção de sujeitos e audiência pública

Pelo viés subjetivo, no entanto, a ampliação se dará em duas frentes (arts. 983 e §1º e 1.038, I, por analogia): com a participação processual de sujeitos e por meio de audiências públicas, cuja convocação é dever do órgão colegiado, por meio do relator[54].

A participação dos sujeitos, a título processual, passa, em primeiro lugar, pela oitiva das partes dos processos afetados. Já a

---

52 FREIRE, Alexandre. Comentário ao artigo 1.038. In: CABRAL, Antonio do Passo; CRAMER, Ronaldo (coords.). *Comentários ao novo Código de Processo Civil.* 2 ed. Rio de Janeiro: Forense, 2016, p. 1.558.

53 MENDES, Aluisio Gonçalves de Castro. *Incidente de resolução de demandas repetitivas:* sistematização, análise e interpretação do novo instituto processual. Rio de Janeiro: Forense, 2017, p. 198-200.

54 Nessa linha, Enunciado 659 do FPPC: "O relator do julgamento de casos repetitivos e do incidente de assunção de competência tem o dever de zelar pelo equilíbrio do contraditório, por exemplo solicitando a participação, na condição de amicus curiae, de pessoas, órgãos ou entidades capazes de sustentar diferentes pontos de vista".

participação de terceiros[55] pode pressupor interesse ou não[56], presumindo-se a relevância da matéria[57], a justificar a ampliação discursiva[58].

O *amicus curiae*[59] é espécie de terceiro que atua desprovido de qualquer intenção própria quanto ao deslinde do julgamento, buscando colaborar apenas com o esclarecimento da Corte sobre um assunto – não raro, inclusive, de complexidade interdisciplinar[60]. Esses amigos da corte prestigiam o princípio da cooperação,

---

55 O pedido, segundo a jurisprudência do STJ, deve se dar até o início do julgamento colegiado (QO no REsp 1.152.218-RS, rel. Min. Luis Felipe Salomão, julgado em 07/05/2014).

56 Considerando todos os sujeitos elencados nos artigos citados como *amicus*, indistintamente: CÂMARA, Alexandre Freitas. *O novo processo civil brasileiro.* 2ª ed. São Paulo: Atlas, 2016, p. 556.

57 "A admissão tão somente de *amici curiae* restaria condicionada à relevância da matéria, a qual deve se entender presumida, pois, tal como ocorre no incidente de resolução de demandas repetitivas, o julgamento dos recursos excepcionais representativos de uma controvérsia jurídica repercutirá na vida de centenas, milhares ou até milhões de jurisdicionados. Além disso, a definição da tese jurídica realizada no julgamento do recurso paradigma reveste-se claramente da natureza de processo objetivo, que transcende o interesse das partes originariamente envolvidas (recorrente e recorrido), vindo a alcançar todos aqueles que recorreram ao Poder Judiciário em virtude daquela mesma questão jurídica controvertida" (PINHO, Humberto Dalla Bernardina de. *Direito processual civil contemporâneo*. v. 2. São Paulo: Saraiva, 2017, p. 973, nº 79).

58 NUNES, Dierle. Comentário ao art. 1.038. In: WAMBIER, Teresa Arruda Alvim et al. (Coords.). *Breves comentários ao novo Código de Processo Civil*. São Paulo: Revista dos Tribunais, 2015. Acesso eletrônico.

59 Advogando a leitura do art. 1.038, I, à luz do art. 138: RODRIGUES, Marco Antonio dos Santos. *Manual dos recursos, ação rescisória e reclamação*. São Paulo: Atlas, 2017, p. 274.

60 "A justificativa para intervenção do *amicus curiae*: o interesse social advindo do julgamento da tese repetitiva, que se projetará para uma infinidade de casos idênticos presentes e futuros, em vez de ter sua eficácia circunscrita às partes processuais, como ocorre na processualística clássica.
Assim, quanto mais esclarecido estiver o juiz a respeito da matéria sobre a qual decidirá, maiores são as chances de um julgamento que atenda aos anseios de uma decisão justa e imparcial." (DANTAS, Bruno. Comentários aos artigos 976 a 987. In: WAMBIER, Teresa Arruda Alvim et al. [Coords.]. *Breves comentários ao novo Código de Processo Civil*. São Paulo: Revista dos Tribunais, 2015. Acesso eletrônico).

atuando de maneira colaborativa[61]. Não à toa, portanto, lhes é outorgada legitimidade recursal para discutir a decisão final do mérito do incidente (art. 138, §3º, estendido também para os recursos repetitivos[62] e para o IAC)[63].

Por outro lado, há possibilidade de intervenção no incidente de sujeitos interessados no resultado do procedimento. Esse interesse pode ser de várias formas, para além do tradicional interesse jurídico[64]. Aponta-se a viabilidade de interesse institucional[65], econômico, ou do interesse objetivo relativamente à questão jurídico-constitucional em discussão, um interesse na formação do precedente.

---

61 "Sob a ótica do terceiro, este igualmente deve agir com boa-fé (art. 5º); contribuir para a qualificação do contraditório (por exemplo, *amicus curiae* – art. 138 –, especialmente no IRDR, no Incidente de Assunção de Competência, na análise da repercussão geral e nos recursos repetitivos) (...)"(MAZZOLA, Marcelo. T*utela jurisdicional colaborativa:* a cooperação como fundamento autônomo de impugnação. Curitiba: CRV, 2017, p. 126.).

62 DIDIER JR., Fredie; CUNHA, Leonardo Carneiro da. *Curso de direito processual civil.* v. 3. 14ª ed. Salvador: JusPodivm, 2017, p. 699-700.

63 O Superior Tribunal de Justiça possui pontual decisão considerando que "descabe, no âmbito de recursos especiais representativos de controvérsia, quaisquer modalidades de intervenções de terceiros, exceto aquela prevista no sistema como meio de contribuição da sociedade para o exame da matéria e de legitimação democrática da decisão a ser tomada – o ingresso como *amicus curiae*" (REsp 1.696.396/MT, Rel. Min. Nancy Andrighi, Corte Especial, julgado em 05/12/2018).

64 Distinguindo a intervenção de sujeitos a título de interessados ou de *amicus curiae* e o pedido de intervenção como assistente, aplaudindo o entendimento do STJ de afastar este último pleito, mas admitir aquele, por inexistir interesse jurídico, e sim institucional: DELLORE, Luiz. Comentário ao art. 121. In: ______; GAJARDONI, Fernando da Fonseca; ROQUE, André; DUARTE, Zulmar. *Teoria geral do processo – comentários ao CPC de 2015:* parte geral. São Paulo: Método, 2015, p. 405.

65 NEVES, Daniel Amorim Assumpção. *Novo Código de Processo Civil – Lei 13.105/2015.* 2ª ed. Rio de Janeiro: Forense, 2015, p. 531. Para o autor, o *amicus curiae* atuaria revestido desse interesse, que não se relaciona com nenhuma intenção subjetiva.

Dessa forma, fica superada qualquer interpretação de outrora[66], impedindo a intervenção, por exemplo, da Defensoria Pública e, sobretudo, das partes dos processos sobrestados[67-68].

A outra forma de ampliação subjetiva do debate é a convocação de audiência pública (artigos 983, §1º, e 1.038, II), para ouvir pessoas com experiência e conhecimento na matéria.

7.4.3. Procedimento

A lacuna de tratamento do IAC é convite para a aplicação do procedimento previsto para os casos repetitivos.

Integrados todos os sujeitos mencionados, e recebidas as informações dos tribunais e juízos inferiores à Corte que fixará a tese, bem como a manifestação do Ministério Público (e da Defensoria Pública), no prazo comum de 15 dias (art. 1.038, §1º), haverá distribuição do relatório do caso para os demais julgadores do órgão colegiado, e se marcará o dia para julgamento (arts. 983, §2º, e 1.038, §2º) – a ocorrer com prioridade sobre todos os demais processos, salvo os *habeas corpus* e os que envolvam réus presos (arts. 980 e 1.038, §2º).

---

66 Entendimento reiterado no STJ, como se verifica nos informativos de jurisprudência de números 540 e 547.

67 DANTAS, Bruno. Comentários aos arts. 976 a 987. In: WAMBIER, Teresa Arruda Alvim et al. (Coords.). *Breves comentários ao novo Código de Processo Civil*. São Paulo: Revista dos Tribunais, 2015. Acesso eletrônico.; NEVES, Daniel Amorim Assumpção. *Novo Código de Processo Civil – Lei 13.105/2015*. 2ª ed. Rio de Janeiro: Forense, 2015, p. 530-531.

68 Há quem identifique a participação das partes dos processos suspensos como litisconsortes facultativos das partes dos processos afetados e, ainda, como *amicus curiae*, como apontado por TEMER, Sofia. *Incidente de resolução de demandas repetitivas*. Salvador: JusPodivm, 2016, p. 166 e ss. A autora, no entanto, qualifica seu interesse como uma assistência para formação do precedente.

7.4.4. Sessão de julgamento e sustentação oral

Na sessão de julgamento – tema que o Código só tratou no regramento do IRDR, devendo ser estendido ao incidente de assunção de competência[69] –, prosseguirá a instrução, por meio da oitiva dos sujeitos, que, após a exposição do objeto do incidente pelo relator (art. 984, I) sustentarão suas razões (art. 984, II).

Essa sustentação oral é dividida em etapas. Na primeira, terão voz os autores e os réus dos processos afetados, seguidos pelo Ministério Público, pelo prazo de trinta minutos para cada um[70].

No segundo momento, serão ouvidos os demais interessados, desde que requeiram a inscrição com dois dias de antecedência. O prazo será de trinta minutos, dividido por todos, podendo ser ampliado, ante o elevado número de inscrições (conceito jurídico indeterminado a ser avaliado pela conveniência da Corte).

A ampla participação, portanto, se dá tanto antes, pela juntada de documentos, declarações e realização de audiências públicas, como na própria sessão de julgamento, existindo, na lição de Paulo Cezar Pinheiro Carneiro, fase probatória[71].

---

69 LEMOS, Vinicius Silva. *O incidente de assunção de competência:* da conceituação à procedimentalidade. Salvador: JusPodivm, 2018, p. 153-154.

70 DANTAS, Bruno. Comentários aos artigos 976 a 987. In: WAMBIER, Teresa Arruda Alvim et al. (Coords.). *Breves comentários ao novo Código de Processo Civil.* São Paulo: Revista dos Tribunais, 2015. Acesso eletrônico; CÂMARA, Alexandre Freitas. *O novo processo civil brasileiro.* 2ª ed. São Paulo: Atlas, 2016, p. 447. Contrariamente, dividindo 10 minutos para cada categoria: WAMBIER, Teresa Arruda Alvim; CONCEIÇÃO, Maria Lúcia Lins; RIBEIRO, Leonardo Ferres da Silva; MELLO, Rogério Licastro Torres de. *Primeiros comentários ao novo Código de Processo Civil – artigo por artigo.* São Paulo: Revista dos Tribunais, 2015, p. 1.409.

71 "Na sua tramitação, uma vez admitido o incidente, abre-se a fase de juntada de documentos, uma fase probatória. O relator designado vai ouvir as partes e o Ministério Público, além de terceiros interessados. Há a possibilidade da mais ampla participação da sociedade, inclusive por meio da designação de audiências públicas, como previsto no art. 995.
No momento do julgamento ainda se assegura a participação com a sustentação oral, com o prazo de trinta minutos para as partes do processo originário e para o Ministério Público. E o novo Código também assegura a sustentação

7.5. Julgamento

7.5.1. Prazo

Note-se que o microssistema de casos repetitivos prevê prazo para julgamento, de um ano. A princípio, a suspensão dos processos em curso teria a mesma duração, de sorte que a extrapolação do tempo determinado em lei traria a consequência de permitir a retomada da marcha processual.

Tal previsão constava da redação originária do Código de Processo Civil, em 2015, tanto para os recursos repetitivos (art. 1.037, §5º[72]) como para os recursos extraordinários com repercussão geral (art. 1.035, §10[73]). A Lei nº 13.256/2016, porém, retirou a aparente sanção, dando contornos impróprios a tais prazos. No IRDR, porém, a regra se mantém, podendo o relator prorrogar o prazo de suspensão (art. 980).

Além disso, o julgamento acerca da repercussão geral, instrumento que dispensa repetitividade, apesar de igualmente gerar efeitos panprocessuais, deve ocorrer no mesmo prazo, sob pena

oral para terceiros que participaram do incidente, afinal, e conforme destacado, o que se quer é uma ampla participação, de tal maneira que essa decisão possa realmente retratar aquilo que a Justiça pode dar de melhor" (CARNEIRO, Paulo Cezar Pinheiro. Breves Notas sobre o incidente de resolução de demandas repetitivas. *Revista Eletrônica de Direito Processual,* v. XIV, ano 8, jul./dez. 2014, p. 485-486.).

72 "Art. 1.037
§ 5º Não ocorrendo o julgamento no prazo de 1 (um) ano a contar da publicação da decisão de que trata o inciso I do caput , cessam automaticamente, em todo o território nacional, a afetação e a suspensão dos processos, que retomarão seu curso normal."

73 "Art. 1.037
§ 10. Não ocorrendo o julgamento no prazo de 1 (um) ano a contar do reconhecimento da repercussão geral, cessa, em todo o território nacional, a suspensão dos processos, que retomarão seu curso normal."

de término da suspensão dos processos sobre a matéria (art. 1.035, §9º[74]).

Pela lógica, também o IAC está submetido a esse regramento, já que, pela relevância da fixação de uma tese, por seus efeitos atuais e futuros, a comunidade jurídica aguarda pronunciamento do Judiciário o mais célere possível.

Para outros autores, porém, a ausência de prazo seria medida salutar, porque os incidentes em estudo demandariam um amadurecimento da questão objeto, de maneira a evitar que se apresse um julgamento de tamanha relevância[75].

7.5.2. Etapas (momentos)

Como visto ao descrever a dinâmica de funcionamento do sistema voltado para os incidentes de uniformização, há, em princípio, o fracionamento em dois momentos: o primeiro, crucial, é voltado à fixação da tese jurídica, em autêntico procedimento objetivado; o segundo, acessório, se presta a aplicar o entendimento a casos concretos.

O regimento interno do Superior Tribunal de Justiça estabelece parâmetros para os acórdãos, aplicáveis ao julgamento do IAC (art. 271-F[76]):

> Art. 104-A. Os acórdãos proferidos em julgamento de incidente de assunção de competência e de recursos especiais repetitivos

---

74 "Art. 1.039
§ 9º O recurso que tiver a repercussão geral reconhecida deverá ser julgado no prazo de 1 (um) ano e terá preferência sobre os demais feitos, ressalvados os que envolvam réu preso e os pedidos de *habeas corpus*."

75 LEMOS, Vinicius Silva. *O incidente de assunção de competência:* da conceituação à procedimentalidade. Salvador: JusPodivm, 2018, pp. 182-187.

76 "Art. 271-F. O acórdão deverá ser redigido nos termos do art. 104-A deste Regimento."

deverão, nos termos do § 3º do art. 1.038, c/c art. 984, § 2º, do Código de Processo Civil, conter:

I – os fundamentos relevantes da questão jurídica discutida, favoráveis ou contrários, entendidos esses como a conclusão dos argumentos deduzidos no processo capazes de, em tese, respectivamente, confirmar ou infirmar a conclusão adotada pelo órgão julgador;

II – a definição dos fundamentos determinantes do julgado;

III – a tese jurídica firmada pelo órgão julgador, em destaque;

IV – a solução dada ao caso concreto pelo órgão julgador.

§ 1º Para definição dos fundamentos determinantes do julgado, o processo poderá ter etapas diferentes de deliberação, caso o órgão julgador, mesmo com votos convergentes, tenha adotado fundamentos diversos para a solução da causa.

§ 2º O Presidente do órgão julgador, identificando que o(s) fundamento(s) determinante(s) para o julgamento da causa não possui(em) a adesão da maioria dos votos dos Ministros, convocará, na mesma sessão de julgamento, nova etapa de deliberação, que contemplará apenas a definição do(s) fundamento(s) determinante(s).

7.5.2.1. Etapa essencial: fixação da tese

Quanto ao principal objetivo dos incidentes de resolução de questões, deve-se destacar a importância da fundamentação adequada. O microssistema, originalmente, trazia o tema em dois momentos, exigindo que o conteúdo do acórdão abrangesse a análise de todos os fundamentos suscitados, sejam favoráveis ou contrários à posição adotada, tanto no IRDR (art. 984, §2º) como nos recursos repetitivos (art. 1.038, §3º) – o que se aplica ao IAC, por idênticas razões.

Com a reforma operada pela Lei nº 13.256/2016, porém, o último dos comandos foi flexibilizado, impondo aos tribunais superiores apenas a análise dos fundamentos relevantes. No entanto, como sustentado quando se tratou do princípio da motivação, não se pode conceber que tenha havido, na essência, modificação dos critérios de fundamentação, pois, ante a importante eficácia da decisão, é inegociável que se legitime[77] através do contraditório e do dever de consideração de argumentos[78], não havendo qual-

---

77 "O acórdão resultado do julgamento do IRDR deverá abranger todos os fundamentos suscitados na tese jurídica discutida. Esse dispositivo é projeção da regra geral que enrijece o dever de fundamentação do juiz, previsto no art. 489, § 1º. No caso particular do incidente, exige-se a necessidade da fundamentação não só quanto aos argumentos favoráveis à tese vencedora, mas também aos contrários. A atenção redobrada com a fundamentação da decisão no IRDR se deve justamente ao fato de que o acórdão-paradigma projetará seus efeitos para casos cujas partes processuais muitas vezes sequer terão tido a oportunidade fática de apresentar suas razões ao tribunal. Desse modo, o reforço argumentativo exigido na fundamentação está longe de ser mero preciosismo do legislador; ao contrário, é requisito que acresce legitimidade e autoridade ao julgamento" (DANTAS, Bruno. Comentários aos artigos 976 a 987. In: WAMBIER, Teresa Arruda Alvim et al. [Coords.]. *Breves comentários ao novo Código de Processo Civil.* São Paulo: Revista dos Tribunais, 2015. Acesso eletrônico).

78 "Pontue-se que a ampliação objetiva do número de recursos auxilia no cumprimento no disposto do art. 489, § 1º, IV, que determina que, no julgamento, deverá ocorrer o enfrentamento de todos os argumentos deduzidos no processo capazes de, em tese, infirmar a conclusão adotada pelo julgador. Se em julgamentos de litígios individuais esta já é uma obrigação essencial, nos julgamentos repetitivos ela se torna ainda mais relevante. Em assim sendo, se evitará o atual julgamento de macro lides em fatias, que promove a instabilidade decisória e a superficialidade dos julgados. Apesar desta premissa do CPC/2015 inovar o atual panorama de aplicação, em face do equivocado entendimento de não caber ao juiz a análise de todos os argumentos suscitados pelas partes, sua função contrafática é aprimorar o sistema e a leitura do contraditório dinâmico impondo o dever de se levar em consideração os argumentos das partes (*Rechtauf Berücksichtigung von* Äußerungen), atribuindo-se ao magistrado não apenas o dever de tomar conhecimento das razões apresentadas (*Kenntnisnahmepflicht*), como também o de considerá-las séria e detidamente (*Erwägungspflicht*). Para o funcionamento adequado da sistemática dos recursos representativos é fundamental a correção do processo de formação do precedente, o que se dá com a ampla análise dos argumentos apresentados pelas partes e terceiros e com uma escolha adequada dos recursos representativos que permitirão, na sequência, uma aplicação mais correta dos precedentes que reduza a situação de que novos argumentos induzam uma flutuação de entendimentos com a nefasta instabilidade decisória" (NUNES, Dierle. Comentário ao artigo 1.038. In: WAMBIER, Teresa Arruda Alvim et al. (Coords.). *Breves comentários ao novo Código de Processo Civil. São Paulo*: Revista dos Tribunais, 2015. Acesso eletrônico).

quer preciosismo em se esperar posicionamento sobre todos os fundamentos ventilados, inclusive pelos interessados[79] e pelo próprio tribunal[80].

A correta leitura do art. 1.038, §3º, então, passa pelo art. 489, §1º[81], devendo a decisão paradigmática ser clara na verbalização e completa no conteúdo[82], trazendo ementa detalhada, com todos os argumentos, de modo a se facilitar a pesquisa[83] e a imediata publicação e divulgação nos bancos eletrônicos, atualizados após o julgamento (art. 979). Afinal, elemento essencial para a validade

---

79 Nessa linha, Enunciado 305 do FPPC e FREIRE, Alexandre. Comentário ao artigo 1.038. In: CABRAL, Antonio do Passo; CRAMER, Ronaldo (coords.). *Comentários ao novo Código de Processo Civil.* 2ª ed. Rio de Janeiro: Forense, 2016, p. 1558.

80 Não há que se falar em qualquer violação ao princípio da adstrição, como visto *supra*, em paralelo com a dimensão vertical do efeito devolutivo.

81 "Importante registrar que tal regra deve ser interpretada sistematicamente com o art. 489, §1º, do CPC. Isso porque não basta o enfrentamento de fundamentos relevantes. Na forma do art. 489, §1º, IV, bem como do direito fundamental à motivação das decisões, é imperativo que o tribunal superior se manifeste sobre todos os fundamentos que, em tese, podem infirmar a conclusão adotada, sob pena de o acórdão proferido não ser considerado fundamentado" (RODRIGUES, Marco Antonio dos Santos. *Manual dos recursos, ação rescisória e reclamação*. São Paulo: Atlas, 2017, p. 275).

82 "Desse modo, para que a tese jurídica firmada ao final do IRDR (art. 985, *caput*) possa cumprir a função paradigmática que dela se espera, é absolutamente necessário que o acórdão no qual ela se corporifica seja suficientemente claro em sua verbalização, e completo em seu conteúdo, por modo a bem apreender a extensão-compreensão da questão de direito que aparece replicada em muitos processos, e que motivou a instauração do incidente. Do contrário, a tese jurídica não terá como responder às expectativas que envolvem tal procedimento, a saber: preservação da isonomia e da segurança jurídica – art. 976 e incisos – a par da otimização da resposta jurisdicional nas demandas seriais" (MANCUSO, Rodolfo de Camargo. *Incidente de resolução de demandas repetitivas:* a luta contra a dispersão jurisprudencial excessiva. São Paulo: Revista dos Tribunais, 2016, p. 265-266)

83 CÂMARA, Alexandre Freitas. *O novo processo civil brasileiro*. 2ª ed. São Paulo: Atlas, 2016, p. 557.

do incidente é sua publicidade, desde a instauração até seu término, sob pena de nulidade[84].

Deve se ter em mente, no entanto, que os argumentos que não foram acolhidos por maioria e que não constituíram a razão de decidir, mas apenas *obter dicta*, não constituem fundamentação da tese fixada[85].

Esse, aliás, é um ponto que merece a devida atenção. Não raro, ocorrem julgamentos colegiados nos quais a conclusão é comum, mas a fundamentação não: acolhe-se, por maioria, um pedido específico, porém cada julgador elege um argumento diverso. Tal prática, que se afigura, não raro, indiferente ao litigante no processo individual (para o qual o mais importante é o provimento ou não do recurso), fere frontalmente a construção de um sistema de precedentes.

Fundamental, portanto, que o colegiado julgador dos incidentes, para além de concluir uniformemente, fixando a (sucinta) tese, debata e fundamente de forma conjunta. Os aplicadores do direito, ao aplicar o entendimento em processos em curso ou futuros, precisam saber por qual razão o tribunal entendeu daquela maneira, inclusive para evitar alegações falseadas de distinção e superação.

Por fim, importa retomar que a desistência, formal ou tácita (abandono), do processo ou do recurso paradigma não impede o julgamento do mérito do incidente (art. 976, §1º, aplicável ao IAC – inclusive, repetido pelo regimento interno do STJ), o que evidencia a real natureza dos institutos e a dispensabilidade de

84 "Por esta razão faz-se obrigatória a publicidade do incidente, bem como os fundamentos determinantes de tal decisão e os dispositivos normativos a ela relacionados, sendo que o não atendimento ao requisito da publicidade poderá acarretar em nulidade do acórdão que julgue o incidente" (DANTAS, Bruno. Comentários aos arts. 976 a 987. In: WAMBIER, Teresa Arruda Alvim et al. [Coords.]. Breves comentários ao novo Código de Processo Civil. São Paulo: Revista dos Tribunais, 2015. Acesso eletrônico).

85 Enunciados 318 e 319 do FPPC.

concretização do entendimento em casos concretos por parte do próprio órgão que o sedimentou[86].

Tampouco o recurso prejudicado, de acordo com o Supremo Tribunal Federal[87], impede a apreciação da questão jurídica. O Código de Processo Civil avança para além da jurisprudência do Superior Tribunal de Justiça[88], segundo a qual o interesse coletivo na resolução do caso afetado impedia que a parte dele desistisse.

7.5.2.2. Etapa acessória: aplicação da tese

Na segunda etapa, o tribunal realizará autêntico modelo decisório[89], delineando pedagógico acórdão, de modo a evitar a incorreta aplicação da tese. Ao apreciar os processos afetados, o tribunal primeiro deve resolver a questão comum, objeto do incidente, e, depois, as peculiaridades de cada demanda.

Existe enorme divergência[90] quanto à função de julgamento dessas causas destacadas. Isso porque a letra da lei indica que o

---

86 Nesse sentido, o TJ/RJ, quando julga procedente o IRDR, é porque fixou a tese: "Por conseguinte, julga-se procedente o presente Incidente de Resolução de Demandas Repetitivas para fixar entendimento pela impossibilidade de incorporação do adicional de produtividade de trânsito aos vencimentos dos guardas municipais de São Gonçalo" (IRDR 0023484-83.2016.8.19.0000).

87 ARE 1.054.490, Rel. Min. Roberto Barroso, julgado em 16/10/2017.

88 O entendimento positivado no CPC/2015 foi adotado, por ocasião do julgamento da QO no Resp 1.063.343/RS, julgado em 17/12/2008, pelos Ministros Aldir Passarinho, Eliana Calmon, Francisco Falcão e Laurita Vaz, restando, porém vencidos.

89 MENDES, Aluisio Gonçalves de Castro; SILVA, Larissa Clare Pochmann da. Ações coletivas e incidente de resolução de demandas repetitivas: algumas considerações sobre a solução coletiva de conflitos. In: ZANETI JR., Hermes (Coord.). *Processo coletivo.* Coleção Repercussões do Novo CPC, v. 8. Salvador: JusPodivm, 2016, p. 547.

90 Mesmo no interior do mesmo tribunal há divergência. A esse respeito, o TJ/RJ já optou por julgar o caso concreto (IRDR 0018608-85.2016.8.19.0000) e por apenas fixar tese (IRDR 0032321-30.2016.8.19.0000).

órgão colegiado julgará os processos afetados, dentro da técnica adotada no IAC.

No IAC, o julgamento do caso concreto surge como um acontecimento que, como regra, faz parte do procedimento (timidamente) traçado pelo legislador.

7.6. Eficácia da tese

Uma vez fixada a tese, na primeira etapa do julgamento, o entendimento nela veiculado passará a gerar efeitos, de diversas espécies. Tem-se, aqui, o ponto crucial do microssistema.

7.6.1. Aplicação imediata: eficácia atual, contemporânea ou panprocessual

A primeira forma de geração de efeitos diz respeito ao mais imediato impacto: a aplicação da tese a todos os processos, individuais ou coletivos, que versem sobre a questão de direito resolvida (limitadamente à área do tribunal julgador). Tem-se, aqui, elemento apto a justificar o uso da tutela pluri-individual, seja pela ótica da gestão processual[91], seja pela isonomia e segurança jurídica que gera, tratando homogeneamente número elevado de demandas[92].

Sob o ponto de vista temporal, é interessante questionar o momento de vinculação, ou seja, quando o entendimento eleito pelo tribunal se estabiliza e deve ser replicado. A resposta passa pelo término do incidente, esgotando a discussão: não basta a decisão proferida pelo colegiado, devendo-se esperar o julgamento de eventuais embargos de declaração e, se interpostos, dos recur-

---

91 Falando sobre essa eficácia sobre os casos pendentes, como elemento do microssistema de gestão e julgamento de casos repetitivos: DIDIER JR., Fredie; CUNHA, Leonardo Carneiro da. *Curso de direito processual civil*. v. 3. 14 ed. Salvador: JusPodivm, 2017, p. 674.

92 CÂMARA, Alexandre Freitas. *O novo processo civil brasileiro*. 2ª ed. São Paulo: Atlas, 2016, p. 558.

sos extraordinários, que possuem efeito substitutivo do pronunciamento do tribunal local[93].

Importa perceber que não há necessidade, para que a tese seja aplicada (leia-se: respeitada pelo órgão submetido à Corte) em um processo, que ele tenha ficado suspenso[94], especialmente no IAC, onde o sobrestamento é um acontecimento não obrigatório. Soaria paradoxal que, encerrado julgamento que se volta a prestigiar a isonomia e a segurança jurídica, um deslize processual de algum magistrado, deixando de suspender ação sobre o tema, preponderasse sobre tais valores, autorizando decisões díspares, por parte, até mesmo, de juízos inferiores. A culpa também pode ser imputada à atividade administrativa da Corte, eventualmente tendo pecado ao (não) dar escorreita publicidade interna ao incidente.

No modelo de tutela dos casos repetitivos traçado pelo legislador de 2015, a vinculação à tese é automática e inegociável.

A vinculatividade dos processos em curso à tese se dá nos moldes do art. 947, §3º. Aliás, é o único artigo do Código que menciona a *vinculação*, expressamente:

> Art. 947
>
> § 3º O acórdão proferido em assunção de competência vinculará todos os juízes e órgãos fracionários, exceto se houver revisão de tese.

Principiando pela aplicação mais simples: nos processos em curso, em primeiro ou segundo grau, o juiz natural tomará por pre-

---

93 Na mesma linha: LEMOS, Vinicius Silva. *O incidente de assunção de competência*: da conceituação à procedimentalidade. Salvador: JusPodivm, 2018, pp. 181-182.

94 CABRAL, Antonio do Passo. Comentário ao artigo 977. In: CABRAL, Antonio do Passo; CRAMER, Ronaldo (Coords.). *Comentários ao novo Código de Processo Civil*. 2ª ed. Rio de Janeiro: Forense, 2016, p. 1.464. Contrariamente, colocando a prévia suspensão como condição para a eficácia atual: ROCHA, Felippe Borring. *Manual dos juizados especiais cíveis estaduais*: teoria e prática. 9ª ed. São Paulo: Atlas, 2017, p. 353.

missa a tese jurídica, quando for analisar a questão outrora controvertida (art. 947).

Deve ser recordado que a tese fixada repercutirá de maneira diversa em cada uma dessas ações, a depender da natureza jurídica endoprocessual que possuam, isto é, se o tema é meritório, prejudicial ou de análise posterior ao mérito. Nessa última hipótese, pode ser cogitado o adiamento da suspensão: primeiro, resolvem-se todas as questões processuais e, quando carecer de decisão sobre a matéria objeto dos incidentes, sobresta-se o processo, até que esta reste solucionada pelo órgão competente[95].

Embora o incidente de assunção, julgado por tribunais superiores, não esteja inserido na dinâmica do tratamento de casos repetitivos, inexistindo, em regra, suspensão nacional de processos sobre o tema, nada impede que o colegiado competente decida pelo cautelar sobrestamento. Nessa hipótese, aplica-se o regramento do Código, que delineia que órgão deverá aplicar a tese.

Assim, quanto aos recursos a versar sobre o tema pacificado que estiverem suspensos no âmbito do próprio tribunal superior, a solução é a seguinte (art. 1.039): se a insurgência contrariar o entendimento fixado, estando correto o acórdão impugnado, o órgão colegiado no qual tramita o recurso o declarará prejudicado; se, no entanto, a tese fixada for a ventilada no recurso, este será decidido favoravelmente, aplicando-a.

O restante do tratamento legal se volta para os recursos especiais e extraordinários sobrestados nos tribunais de origem. A resposta também depende da coincidência entre os argumentos recursais e os adotados como *ratio decidendi* no julgamento objetivo incidental: se o acórdão guerreado estiver amparado no

95 Basta imaginar uma questão a envolver a fixação de honorários afetada para julgamento, não sendo razoável que o processo fique suspenso desde a inicial.

entendimento recém-fixado, o presidente ou vice-presidente negará seguimento[96] ao recurso (art. 1.040, I).

Quando, porém, for o recurso que prestigiar a tese, caberá ao órgão que proferiu o acórdão reexaminá-lo (art. 1.040, II). Ao realizar o juízo de retratação esperado, alterando a decisão acordada, o tribunal pode ter que resolver outras questões, em decorrência da modificação do entendimento (possivelmente, tendo de ingressar no mérito, ou apreciar pedido sucessivo, dependente do anterior, agora acolhido com fulcro na tese), como esclarece o art. 1.041, §1º.

Logicamente, diante do sistema vinculativo traçado pela ampla eficácia da tese fixada, explicitado, entre outros comandos, pelo art. 927, III, a única interpretação a ser extraída da previsão é que o juízo de segunda instância ou superior (nos casos de recurso extraordinário com repercussão geral, contra acórdão do TST ou, como sustentado, do STJ) deverá readequar a decisão, conformando-a com o entendimento oriundo do incidente julgador de recursos repetitivos.

O alerta é importante porque o art. 1.041 aborda a hipótese de, após o reexame, o acórdão ser mantido, caso em que o recurso extraordinário ou especial será remetido ao tribunal superior competente. Aparentemente, o tribunal de origem poderia ignorar o entendimento, prestigiando sua própria decisão. Essa postura, no entanto, revela-se inconcebível[97], ante a enormidade de

---

96 Discute-se se seria caso de juízo de admissibilidade ou de julgamento de mérito: NUNES, Dierle. Comentário ao artigo 1.038. In: WAMBIER, Teresa Arruda Alvim et al. (Coords.). *Breves comentários ao novo Código de Processo Civil.* São Paulo: Revista dos Tribunais, 2015. Acesso eletrônico. Na sistemática do CPC/73, havia entendimento no sentido de que, com o julgamento dos casos paradigma, os acórdãos que o contrariassem deixariam de existir (DANTAS, Bruno. Comentários aos artigos 976 a 987. In: WAMBIER, Teresa Arruda Alvim et al. [coords.]. *Breves comentários ao novo Código de Processo Civil.* São Paulo: Revista dos Tribunais, 2015. Acesso eletrônico, p. 132).

97 Nesse sentido: MENDES, Aluisio Gonçalves de Castro. *Incidente de resolução de demandas repetitivas:* Sistematização, análise e interpretação do novo ins-

princípios que fundamentam e efetivam a tutela pluri-individual, racionalizando a prestação jurisdicional a partir da unidade do Judiciário. Existe, pois, real imposição de revisão da decisão, em excepcional previsão de efeito regressivo dos recursos especial ou extraordinário[98].

O referido comando apenas reconhece que, ao se debruçar sobre o caso suspenso, poderá o órgão colegiado que o julgou verificar elemento de distinção[99], não apontado pelas partes nem percebido pelos julgadores em momento anterior. Nada impede, porém, o uso da técnica de ressalva de entendimento[100].

Diante da retratação, haveria inversão do interesse processual, já que o antes vencedor da demanda, agora vencido, passaria a poder interpor o recurso para um dos tribunais de cúpula. No

---

tituto processual. Rio de Janeiro: Forense, 2017. Analisando a questão ainda sob a égide do CPC/73: DANTAS, Bruno. Comentários aos artigos 976 a 987. In: WAMBIER, Teresa Arruda Alvim et al. (Coords.). *Breves comentários ao novo Código de Processo Civil.* São Paulo: Revista dos Tribunais, 2015. Acesso eletrônico, p. 130.

---

98 RODRIGUES, Marco Antonio dos Santos. *Manual dos recursos, ação rescisória e reclamação.* São Paulo: Atlas, 2017, p. 276.

99 Falando em distinção ou superação: MENDES, Aluisio Gonçalves de Castro. *Incidente de R*esolução de Demandas Repetitivas: Sistematização, análise e interpretação do novo instituto processual. Rio de Janeiro: Forense, 2017. Também: RODRIGUES, Marco Antonio dos Santos. *Manual dos recursos, ação rescisória e reclamação*. São Paulo: Atlas, 2017, p. 276 e CÂMARA, Alexandre Freitas. *O novo processo civil brasileiro*. 2ª ed. São Paulo: Atlas, 2016, p. 558. No entanto, é difícil imaginar como, em tão breve espaço de tempo, haverá elemento modificador do contexto, permitindo o *overruling*.

100 THEODORO JR., Humberto; NUNES, Dierle; BAHIA, Alexandre; PEDRON, Flávio. *Novo Código de Processo Civil:* Fundamentos e sistematização. Rio de Janeiro: Forense, 2015. O uso da técnica é, inclusive, apontado como critério para merecimento dos magistrados, na forma da Res. 106/2010, em seu art. 10, parágrafo único.

entanto, essa insurgência terá seguimento negado, por aplicação do art. 1.030, I, *b*[101].

Mesmo exercendo a retratação, pode ser caso de o recurso seguir para os tribunais superiores, se existirem outras questões atacadas. Em casos tais, sustenta-se a possibilidade de complementação recursal, se o objeto levado a conhecimento da corte *ad quem* for impactado pela aplicação da tese[102].

No entanto, em não sendo o processo onde será aplicada a tese um recurso extraordinário, se já devolvida a cognição da matéria ao tribunal, o julgamento por parte de um de seus órgãos, acelerado pela autorização de provimento monocrático (art. 932, V, *c*), se mostra a medida mais consentânea com a duração razoável do processo.

Toda a descrição, minuciosa, do procedimento de imediata aplicação da tese jurídica é um reforço do entendimento segundo o qual a terminologia "julgamento por amostragem" não se mostra a mais adequada. Não há qualquer amostragem, dando a entender que alguns casos seriam apreciados e muitos outros receberiam a mesma solução, em claro déficit de contraditório. Na realidade, o que sucede é a fixação de uma tese, sepultando discussões a respeito de uma questão, e, em seguida, sua aplicação, individualizada e, dentro do razoável, artesanal a todos os processos em que o tema era controvertido.

101 RODRIGUES, Marco Antonio dos Santos. *Manual dos recursos, ação rescisória e reclamação*. São Paulo: Atlas, 2017, pp. 275/276.

102 "Pondere-se que se a questão abordada no extraordinário for dependente da que foi objeto de retratação deverá ser facultada a parte a complementação (retificação) como corolário do princípio do contraditório como influência (art. 10) e da complementaridade (previsto no art. 1.024, § 4º)" (NUNES, Dierle. Comentário ao artigo 1.038. In: WAMBIER, Teresa Arruda Alvim et al. (Coords.). *Breves comentários ao novo Código de Processo Civil*. São Paulo: Revista dos Tribunais, 2015. Acesso eletrônico).

7.6.2. Aplicação aos casos futuros: eficácia prospectiva, futura ou atemporal

O elemento especialmente diferenciado da tutela pluri-individual pátria de um mero mecanismo de solução conjunta e coordenada de casos repetitivos[103] é a eficácia da tese fixada para frente, obrigando os julgadores de casos futuros. Trata-se de autêntico pilar do microssistema de julgamento de questões comuns, mas também do de precedentes judiciais vinculativos[104], atribuindo-lhes pleno sentido.

O objeto dessa geração de efeitos são todos os processos que tramitarão tratando, em algum momento, da questão jurídica solucionada pelos incidentes, até que se opere eventual revisão da tese.

Existe uma vinculatividade expressa inaugurada pelos arts. 927, III, c/c 489, §1º, V e VI[105] e 947, §3º. A eficácia futura da tese tem contornos difusos, impactando em inúmeras relações jurídicas[106].

---

103 O que seria permitido mesmo pela cooperação judiciária interna ou transjudicial (art. 6° c/c arts. 67-69), independentemente de normativa específica.

104 Para parcela da doutrina, os efeitos futuros estariam relacionados apenas ao microssistema de formação concentrada de precedentes obrigatórios: DIDIER JR., Fredie; CUNHA, Leonardo Carneiro da. *Curso de direito processual civil.* v. 3. 14ª ed. Salvador: JusPodivm, 2017.

105 No entanto, no bojo do CPC/1973, havia respeitável entendimento em sentido contrário (DANTAS, Bruno. Comentários aos artigos 976 a 987. In: WAMBIER, Teresa Arruda Alvim et al. [Coords.]. *Breves comentários ao novo Código de Processo Civil.* São Paulo: Revista dos Tribunais, 2015. Acesso eletrônico, pp. 131/132).

106 Assim leciona Luiz Fux, comentando o incidente de questão relevante no CPC/1973: "Inúmeras vezes, a questão jurídica posta no recurso revela da sua magnitude não só quanto ao acertamento de determinada tese jurídica aplicável a uma infinidade de casos, como, também, no que pertine à repercussão do julgado no âmbito público. Assim, v.g., a questão acerca da progressividade de determinado tributo que carreia receita para o Estado; ou a tese sobre se é ou não possível o desligamento da energia elétrica na hipótese de descumprimento do plano de racionamento. Nessas hipóteses, como é fácil perceber, a decisão assume um espectro reflexo que se espraia da causa para influir em inúmeras outras relações jurídicas. Ressalta evidente a importância difusa que a decisão encerrará. Em face dessa repercussão da decisão quanto ao objeto litigioso mediato, conveniente admitir-se que o julgado provenha do órgão do

Além desses, há inegável efeito exoprocessual das questões jurídicas[107] pacificadas com a fixação da tese, inclusive como remédio dissuasivo contra demandas frívolas.

A lista de efeitos, bastante extensa, acarreta um novo papel para o juiz, inserto no dever de cooperação: o de estar atento ao enquadramento das hipóteses à tese fixada, realizando a distinção ou a superação[108].

As mais aclamadas consequências da fixação da tese são os instrumentos específicos, (i) de tutela especializada, ao aplicar a tese em um processo, e (ii) de controle da efetiva aplicação, permitindo a correção de decisões que desviem do padrão decisório construído pelo tribunal no incidente.

Esmiuçando a eficácia futura da tese, o legislador enumerou amplo leque de consequências endoprocessuais, com repercussão no próprio processo, seja no julgamento final, em questões acessórias ou no seu trâmite.

A primeira técnica de tutela diferenciada é a concessão de tutela da evidência (art. 311, II), apenas para os incidentes repressivos, pela lei, mas perfeitamente extensível às teses formadas em

tribunal encarregado, *ratione materiae*, de uniformizar o entendimento jurisprudencial, evitando que se proliferem demandas submetidas às mais diversas soluções, não obstante gravitem sobre a mesma questão jurídica" (FUX, Luiz. *Curso de direito processual civil*. v. 1. 4ª ed. Rio de Janeiro: Forense, 2008. Acesso eletrônico).

107 MENDES, Aluisio Gonçalves de Castro. *Incidente de resolução de demandas repetitivas:* sistematização, análise e interpretação do novo instituto processual. Rio de Janeiro: Forense, 2017, p. 105-107.

108 Se admite que também os juízos subordinados ao órgão que fixou a tese promovam sua superação, desde que presentes as respectivas premissas, como, por exemplo, a modificação legislativa superveniente (MENDES, Aluisio Gonçalves de Castro. *Incidente de resolução de demandas repetitivas:* sistematização, análise e interpretação do novo instituto processual. Rio de Janeiro: Forense, 2017, p. 248/249).

IAC, já que o fundamento é a maior segurança jurídica a respeito da provável decisão judicial a ser proferida ao cabo do processo[109]:

> Art. 311. A tutela da evidência será concedida, independentemente da demonstração de perigo de dano ou de risco ao resultado útil do processo, quando:
> II – as alegações de fato puderem ser comprovadas apenas documentalmente e houver tese firmada em julgamento de casos repetitivos ou em súmula vinculante.

O Código autoriza a abreviação do procedimento, por meio do julgamento liminar de improcedência, se a questão fática estiver suficientemente elucidada pela prova documental e a questão jurídica, pela prévia fixação de tese (art. 332, II e III):

> Art. 332. Nas causas que dispensem a fase instrutória, o juiz, independentemente da citação do réu, julgará liminarmente improcedente o pedido que contrariar:
>
> II – acórdão proferido pelo Supremo Tribunal Federal ou pelo Superior Tribunal de Justiça em julgamento de recursos repetitivos;
>
> III – entendimento firmado em incidente de resolução de demandas repetitivas ou de assunção de competência.

Quanto à impugnação de decisões baseadas em tese jurídica firmada, está prevista a dispensa da remessa necessária da sentença nelas lastreada (art. 496, §4º, III):

> Art. 496
>
> § 4º Também não se aplica o disposto neste artigo quando a sentença estiver fundada em:
>
> III – entendimento firmado em incidente de resolução de demandas repetitivas ou de assunção de competência.

109 Enunciado 135 da II Jornada de Direito Processual Civil do CJF: É admissível a concessão de tutela da evidência fundada em tese firmada em incidente de assunção de competência. Em sentido contrário, embora lamentando a opção legislativa: LEMOS, Vinicius Silva. *O incidente de assunção de competência:* da conceituação à procedimentalidade. Salvador: JusPodivm, 2018, pp. 209-210.

Em havendo recurso, o relator pode decidir monocraticamente, negando ou concedendo provimento (art. 932, IV, *b* e *c* e V, *b* e *c*) – a decisão positiva, porém, demanda contraditório prévio:

> Art. 932. Incumbe ao relator: (...)
> IV – negar provimento a recurso que for contrário a: (...)
> c) entendimento firmado em incidente de resolução de demandas repetitivas ou de assunção de competência;
> V – depois de facultada a apresentação de contrarrazões, dar provimento ao recurso se a decisão recorrida for contrária a: (...)
> c) entendimento firmado em incidente de resolução de demandas repetitivas ou de assunção de competência.

Também o julgamento do conflito de competência poderá ser realizado de maneira isolada pelo relator, se existir entendimento uniformizado por incidente de assunção de competência (art. 955, parágrafo único, II):

> Art. 955.
>
> Parágrafo único. O relator poderá julgar de plano o conflito de competência quando sua decisão se fundar em:
>
> II – tese firmada em julgamento de casos repetitivos ou em incidente de assunção de competência. (...)

Acrescente-se ao tema da impugnação a negativa de seguimento aos recursos extraordinários quando o acórdão do tribunal local estiver de acordo com tese fixada em recurso repetitivo (art. 1.030, I, *b*):

> Art. 1.030. Recebida a petição do recurso pela secretaria do tribunal, o recorrido será intimado para apresentar contrarrazões no prazo de 15 (quinze) dias, findo o qual os autos serão conclusos ao presidente ou ao vice-presidente do tribunal recorrido, que deverá:
>
> I – negar seguimento:
> b) a recurso extraordinário ou a recurso especial interposto contra acórdão que esteja em conformidade com entendimento do Supremo Tribunal Federal ou do Superior Tribunal de Justiça, respectivamente, exarado no regime de julgamento de recursos repetitivos.

Embora não o mencione expressamente, o dispositivo deve abranger também o decidido no incidente de assunção de competência julgado pelos tribunais superiores, uma vez que igualmente é incidente formador de tese, gerando o dever de o tribunal de 2ª instância verificar sua aplicação.

Na fase de execução, é facilitado o cumprimento provisório de sentença baseada em tese jurídica, com a dispensa de caução para o levantamento de valores e transmissão de posse e propriedade de bens (art. 521, IV), extensível à tese fixada em incidente de assunção de competência[110], já que o fundamento é a maior segurança jurídica a respeito da correção do título executivo provisório:

> Art. 521. A caução prevista no inciso IV do art. 520 poderá ser dispensada nos casos em que: (...)
>
> IV – a sentença a ser provisoriamente cumprida estiver em consonância com súmula da jurisprudência do Supremo Tribunal Federal ou do Superior Tribunal de Justiça ou em conformidade com acórdão proferido no julgamento de casos repetitivos.

O Código menciona, ainda, um estímulo para a desistência da ação que tenha por objeto questão já pacificada em julgamento de casos repetitivos. Nesse caso, a desistência terá como peculiaridades: (i) a isenção do pagamento de custas e honorários de sucumbência, se operada antes de apresentada a contestação (art. 1.040, §2º) e (ii) desnecessidade do consentimento do réu, se ocorrer até a sentença (art. 1.040, §§ 1º e 3º).

Esse último comando excepciona a regra geral do art. 485, §4º, estimulando a criação de uma "cultura de precedentes"[111].

---

110 Enunciado 136 da II Jornada de Direito Processual Civil do CJF: A caução exigível em cumprimento provisório de sentença poderá ser dispensada se o julgado a ser cumprido estiver em consonância com tese firmada em incidente de assunção de competência.

111 RODRIGUES, Marco Antonio dos Santos. *Manual dos recursos, ação rescisória e reclamação*. São Paulo: Atlas, 2017, p. 277.

Por mais que previsto topologicamente no regime dos recursos repetitivos, o desestímulo à litigância infrutífera é valor de todo o microssistema, o que torna as normas aplicáveis ao IRDR[112].

Quanto ao IAC, embora se possa pensar que a finalidade primordial do comando seja diminuir o acervo de processos repetitivos, deve-se reconhecer que outra intenção da lei é estimular a extinção de pretensões fadadas ao insucesso, por contrariar posição sedimentada na jurisprudência. Assim, o benefício financeiro deve ser facultado quando houver entendimento desenhado em incidente preventivo, do mesmo modo que no caso dos repressivos.

Em havendo mais de um pedido na ação e sobrevindo tese fixada, em incidente repressivo ou preventivo, a respeito de um ou alguns deles, a regra, naturalmente, só se aplicará àqueles que guardem relação com o precedente firmado. Quanto aos demais, vige a necessidade de concordância do réu, normalmente[113].

A dispensa da observância da ordem de julgamento (artigo 12, §2º) menciona apenas teses fixada em julgamentos de casos repetitivos, nada falando sobre o IAC. A distinção se justifica: aparentemente, o elemento da gestão de processos é o que explica a antecipação desses julgamentos.

De maneira complementar aos instrumentos facilitadores da tutela jurisdicional a favor do litigante que tem sua argumentação jurídica calcada em tese fixada preteritamente pelo Judiciário, o Código trouxe ferramentas capazes de garantir sua aplicação forçada, combatendo atos judiciais que a ignorem.

---

112 "Este regime especial se aplica às ações repetitivas atingidas pelo efeito de suspensão (art. 1.038, *II*), mas, em decorrência das técnicas ora comentadas servirem a todo *microssistema de litigiosidade repetitiva* não seria incabível sua aplicação para todas as demandas repetitivas" (NUNES, Dierle. Comentário ao artigo 1.038. In: WAMBIER, Teresa Arruda Alvim et al. (Coords.). *Breves comentários ao novo Código de Processo Civil.* São Paulo: Revista dos Tribunais, 2015. Acesso eletrônico).

113 No mesmo sentido: LEMOS, Vinicius Silva. *O incidente de assunção de competência*: da conceituação à procedimentalidade. Salvador: JusPodivm, 2018, p. 81.

Isso porque o fato de o art. 927, III, afirmar que os juízes e tribunais observarão as decisões proferidas nos incidentes que formam teses não é sinônimo de certeza de que se respeitarão esses entendimentos. O legislador, sabedor dessa realidade, estruturou um leque de medidas contrárias à desobediência jurisprudencial eficazes.

Possivelmente, a consequência mais importante e prática da não aplicação do precedente consistente na tese jurídica construída nos incidentes será a nulidade da decisão, por falta de fundamentação. A previsão do art. 489, §1º, VI garante, efetivamente, a vinculatividade da tese, retirando dos magistrados, em geral, qualquer discricionariedade quanto à análise da correção do entendimento ao qual o tribunal chegou acerca da questão jurídica:

> Art. 489
>
> § 1º Não se considera fundamentada qualquer decisão judicial, seja ela interlocutória, sentença ou acórdão, que: (...)
>
> VI – deixar de seguir enunciado de súmula, jurisprudência ou precedente invocado pela parte, sem demonstrar a existência de distinção no caso em julgamento ou a superação do entendimento.

O comando é bem claro, surgindo na esteira da preocupação do legislador de 2015 com a fundamentação das decisões judiciais, ao densificar o princípio constitucional da motivação (art. 93, IX). Para além de afastar modelos de decisões genéricas, o Código considera não fundamentado (portanto, nulo) o pronunciamento judicial que não siga súmula, jurisprudência ou precedente invocado pela parte, sem realizar a distinção ou superação.

Em outras palavras, o julgador de um caso concreto deve se manifestar expressamente sobre uma decisão que o vincule.

O natural será que se filie à conclusão do tribunal, apenas tomando-a como premissa de sua decisão. Excepcionalmente, poderá afastar a tese, mas, para tanto, terá de se desincumbir de um ônus argumentativo específico, apontando a distinção (fática ou jurídica) entre o caso concreto e o precedente ou a superação deste.

Em não agindo assim, sua decisão será írrita. O vício pode ser reconhecido pelo próprio juízo prolator, em sede de embargos de declaração (haja vista a omissão presumida pelo art. 1.022, parágrafo único, I[114]), ou pelo órgão julgador do recurso, que, inclusive, poderá aplicar a teoria da causa madura (art. 1.013, §3º, IV[115]) e sanar, desde já, o vício, sem necessidade de remessa do processo ao prolator da decisão atacada.

Existe, portanto, uma competência fiscalizatória, de todos os órgãos do Judiciário, para verificar a efetiva aplicação dos precedentes judiciais. Trata-se de explicitação do dever de autorreferência atribuído ao Judiciário pelo novo Código de Processo Civil.

Além disso, foi previsto o manejo de reclamação (art. 988, IV) quando inobservada a tese fixada nos incidentes (art. 985, §1º, norma geral do microssistema), ou, ainda, quando suceder aplicação indevida ou sua não aplicação (art. 966, §4º)[116]:

Com o advento da Lei nº 13.256/2016, passou a existir diferença no cabimento da reclamação quanto à tese determinada em IRDR ou em IAC e aquela advinda do incidente de julgamento de recursos repetitivos. Antes, seria cabível para garantir a observância de acórdão proferido em julgamento de casos repetitivos. Com a modificação, contudo, quando se tratar de decisão em recurso repetitivo, só será manejável quando esgotadas as instâncias ordinárias (art. 988, §5º, II).

---

114 "Art. 1.022
Parágrafo único. Considera-se omissa a decisão que:
I – deixe de se manifestar sobre tese firmada em julgamento de casos repetitivos ou em incidente de assunção de competência aplicável ao caso sob julgamento."

115 "Art. 1.013
§ 3º Se o processo estiver em condições de imediato julgamento, o tribunal deve decidir desde logo o mérito quando: (...)
IV – decretar a nulidade de sentença por falta de fundamentação."

116 O que permite que seja utilizada como instrumento para o *distinguishing* (RODRIGUES, Marco Antonio dos Santos. *Manual dos recursos, ação rescisória e reclamação*. São Paulo: Atlas, 2017, p. 376-377).

O que se percebe é uma espécie de delegação, por parte dos tribunais superiores fixadores da tese, do controle de sua aplicação, exigindo que, antes do manejo da reclamação, seja dada oportunidade para as Cortes locais se filiarem ao entendimento vinculativo, corrigindo, inclusive, decisões que destoem do padrão decisório criado. Longe de se tratar de mecanismo que fere o acesso à justiça, se busca conscientizar os magistrados da importância do dever de autorreferência, sob a ótica vertical, segundo a qual todos os juízes do tribunal, inclusive os de primeiro grau, devem considerar e seguir os posicionamentos da Corte.

Esse cenário, criado pela reforma do Código ainda na *vacatio* em razão da preocupação dos tribunais superiores quanto à sobrecarga de processos que a previsão originária geraria, já foi utilizado pelo Superior Tribunal de Justiça[117], ao ponderar entre a instauração de um IAC ou do incidente de recursos repetitivos, entendendo que, apesar da multiplicidade de demandas a respeito, se poderia optar pelo incidente de assunção, já que possui maior vinculatividade, por permitir o manejo da reclamação diretamente ao tribunal. Criou-se o filtro para, depois, escapar-se dele.

Em todas as hipóteses, porém, a reclamação não possui efeito suspensivo e independe de recurso contra a decisão, como também não impede sua interposição[118].

Com o advento do CPC/2015, a reclamação, que tinha sua natureza jurídica controvertida sob a égide do anterior diploma, que dela não tratava, passou a ser considerada, por significativa parcela da doutrina, como ação. O Supremo Tribunal Federal e o Superior Tribunal de Justiça já assentaram, nessa linha, que, após

---

117 ProAfR no REsp 1.799.343/SP, Rel. Min. Paulo de Tarso Sanseverino, Segunda Seção, julgado em 09/04/2019.

118 DANTAS, Bruno. Comentários aos artigos 976 a 987. In: WAMBIER, Teresa Arruda Alvim et al. (Coords.). *Breves comentários ao novo Código de Processo Civil.* São Paulo: Revista dos Tribunais, 2015. Acesso eletrônico.

a citação do réu (angularização da relação processual), são devidos honorários sucumbenciais:

> Embargos de declaração em agravo interno em reclamação. Direito Processual Civil. Instauração do contraditório. Honorários de sucumbência. Cabimento. Embargos declaratórios acolhidos para sanar omissão. 1. A Lei nº 8.038/1993 foi derrogada pela Lei nº 13.105/2015 (art. 1.072, IV), alcançando a expressa revogação, dentre outros, dos arts. 13 a 18 do diploma legislativo de 1990, passando o instituto da reclamatória a estar abalizado pelos arts. 988 a 993 do novel diploma processual, com previsão da instauração do contraditório (CPC, art. 989, III). 2. Embora ambos os institutos possuam *sedes materiae* na Lei nº 13.105/2015, a litigância de má-fé e os honorários sucumbenciais distinguem-se tanto na *ratio* de sua instituição quanto no beneficiário do provimento.
>
> 3. Cabimento da condenação em honorários advocatícios quando verificada a angularização da relação processual na ação reclamatória. 4. Embargos declaratórios acolhidos para, suprindo a omissão, fixar os os honorários de sucumbência em 10% (dez por cento) sobre o valor do benefício econômico perseguido nos autos em referência (art. 85, §2º, do CPC), cuja execução deverá ser realizada no juízo de origem.[119]
>
> 2. Com a vigência do Código de Processo Civil de 2015, consolidou-se o entendimento doutrinário e jurisprudencial no sentido de que o instituto da reclamação possui natureza de ação, de índole constitucional, e não de recurso ou incidente processual. 3. O novo *Codex*, inovando a disciplina legal do instituto, passou a prever a angularização da relação processual na reclamação, com a citação do beneficiário da decisão impugnada, para apresentar sua contestação, nos termos do art. 989, III, do CPC/2015. 4. Nessa nova moldura, em que o ajuizamento da reclamação nitidamente inaugura nova relação jurídica processual, mostra-se viável a aplicação do princípio geral da sucumbência, a fim de que seja a parte vencida – reclamante ou beneficiária do ato impugnado – condenada ao pagamento das custas e honorários advocatícios, na linha em que tem entendido o Supremo Tribunal Federal (Rcl 24.417 AgR/SP e Rcl 24.464 AgR/RS). 5. Hipótese em

---

119 Rcl 25.160 AgR-ED, Rel. Min. Edson Fachin, Rel. p/ Acórdão: Min. Dias Toffoli, Segunda Turma, julgado em 06/10/2017.

> que, apesar de frustrada a tentativa de citação, o beneficiário do ato reclamado compareceu espontaneamente nos autos, com efetiva atuação na defesa dos seus interesses, a caracterizar o aperfeiçoamento da relação processual. Assim, diante do julgamento de improcedência da reclamação, é impositiva a condenação da parte reclamante, vencida, ao pagamento de honorários advocatícios. 6. Embargos de declaração acolhidos, com efeitos infringentes, para fazer constar a condenação da parte reclamante, ora embargada, ao pagamento de honorários advocatícios no valor de R$ 3.000,00 (três mil reais)[120].

Sobre o tema, é importante considerar que a chamada reclamação, de competência originária do STF e do STJ, já estava prevista, anteriormente, nos arts. 102, I, e 105, I, da Constituição Federal, respectivamente.

No CPC, o art. 988 traz as hipóteses de cabimento de reclamação, a ser apresentada pela parte interessada ou pelo Ministério Público, para:

a) preservar a competência do tribunal;

b) garantir a autoridade das decisões do tribunal;

c) garantir a observância de enunciado de súmula vinculante e de decisão do Supremo Tribunal Federal em controle concentrado de constitucionalidade;

d) garantir a observância de precedente proferido em incidente de resolução de demandas repetitivas ou em incidente de assunção de competência.

Na prática, se ignorado o entendimento contido em uma tese fixada em IAC, o prejudicado pode, prontamente, propor reclamação perante o tribunal que a fixou, que corrigirá o ocorrido[121].

---

120 EDcl na Rcl 33.747/SP, Rel. Min. Nancy Andrighi, Segunda Seção, julgado em 12/12/2018.

121 Enunciado 558 do FPPC: Caberá reclamação contra decisão que contrarie acórdão proferido no julgamento dos incidentes de resolução de demandas repetitivas ou de assunção de competência para o tribunal cujo precedente foi

Por fim, um último importante instrumento para a retificação de um julgado que destoe da posição eleita pela Corte julgadora do incidente de assunção é a ação rescisória, naturalmente após o trânsito em julgado da decisão equivocada.

Com os olhos postos na uniformidade da aplicação do direito, o atual Código de Processo Civil ampliou o cabimento da ação rescisória, autorizando a relativização da coisa julgada não apenas quando a decisão transitada ofender a lei, mas também quando contrariar outras normas jurídicas (art. 966, V) – o que, seguramente, engloba os precedentes judiciais.

Pode-se reconhecer, portanto, que, existindo uma tese jurídica fixada em algum sentido, se um caso concreto for decidido contrariamente a tal entendimento pacificado, o título executivo judicial deve ser afastado.

Perceba-se, a respeito, que, quando for hipótese de contrariedade em relação a entendimento do Supremo Tribunal Federal a respeito da constitucionalidade de uma norma que sustentou a decisão, o executado poderá se defender, ao apresentar impugnação, com base na inexigibilidade da obrigação (art. 525, §§12 a 15). A previsão, contudo, não contempla o caso do cumprimento de sentença de decisão divergente da tese uniformizada em um dos incidentes criadores de precedentes:

> Art. 525
>
> § 12. Para efeito do disposto no inciso III do § 1º deste artigo, considera-se também inexigível a obrigação reconhecida em título executivo judicial fundado em lei ou ato normativo considerado inconstitucional pelo Supremo Tribunal Federal, ou fundado em aplicação ou interpretação da lei ou do ato normativo tido pelo Supremo Tribunal Federal como incompatível com a Constituição Federal, em controle de constitucionalidade concentrado ou difuso.

---

desrespeitado, ainda que este não possua competência para julgar o recurso contra a decisão impugnada.

> § 13. No caso do § 12, os efeitos da decisão do Supremo Tribunal Federal poderão ser modulados no tempo, em atenção à segurança jurídica.
>
> § 14. A decisão do Supremo Tribunal Federal referida no § 12 deve ser anterior ao trânsito em julgado da decisão exequenda.
>
> § 15. Se a decisão referida no § 12 for proferida após o trânsito em julgado da decisão exequenda, caberá ação rescisória, cujo prazo será contado do trânsito em julgado da decisão proferida pelo Supremo Tribunal Federal.

A disparidade se justifica pelo fato de, no controle de constitucionalidade, a incompatibilidade gerar a invalidade da norma objeto (inclusive, retirando a lei do ordenamento jurídico, no controle concentrado), enquanto, na formação dos precedentes, isso, a princípio, não ocorre.

Ainda sobre a questão da ação rescisória, cabe sublinhar seu cabimento expresso contra decisão transitada em julgado que aplica tese fixada em incidente de julgamento de casos repetitivos, ignorando a existência de distinção (art. 966, §5º).

Os efeitos da tese, então, incidem de imediato (eficácia atual) e para o futuro (eficácia prospectiva). Cumpre indagar, no entanto, seus reflexos nos casos que versaram sobre o tema pacificado, mas já se encerraram.

Semelhantemente ao que ocorre com os processos decididos com fulcro em norma considerada inconstitucional no controle concentrado, a mera fixação da tese não deverá implicar sua rescisão[122]. Sobrevindo a decisão abstrata sobre o entendimento acerca da norma na qual se baseou o julgador do processo transitado, haverá necessidade do ajuizamento de ação rescisória.

---

122 STF. Plenário. RE 730.462, Rel. Min. Teori Zavascki, julgado em 28/05/2015 (repercussão geral).

Nesse meio impugnativo, cabe indagar se deve ser respeitada a Súmula 343 do STF[123], afastando a rescisão das decisões proferidas quando, à época, existia divergência.

Com efeito, o Supremo Tribunal Federal, abandonando orientação no sentido da inaplicabilidade da referida súmula quando a divergência dissesse respeito à questão constitucional, passou a garantir-lhe vigência também nessas hipóteses[124], prestigiando a segurança advinda da coisa julgada ao invés daquela que surge a partir da uniforme aplicação do ordenamento.

O Superior Tribunal de Justiça chegou a relativizar o enunciado sumular, permitindo a rescisão do julgado quando, em momento posterior ao da decisão impugnada, a Corte firmou entendimento vinculante:

> 1. O pedido formulado em ações ou recursos deve ser interpretado de forma lógico-sistemática, com base em todo o conjunto da petição e não de seu capítulo final, apenas. 2. Se, da leitura de toda a petição inicial, fica clara a intenção da requerente de rescindir todos os acórdãos que compuseram o julgamento da causa, a menção exclusiva ao acórdão que decidiu os embargos no capítulo do pedido não impede o conhecimento da ação.3. A violação de disposição de lei pode se dar quando o Tribunal aplica determinada norma a hipótese em que ela não incidiria, bem como quando se recusa a aplicá-la, quando cabível. 4. A apreciação do mérito do recurso especial, ainda que este não tenha sido conhecido pelo STJ, autoriza a propositura, perante este, de ação rescisória perante. Enunciado 249 da Súmula do STF. 5. Nos termos do Enunciado 343 da Súmula do STF, não é cabível ação

---

123 "Cabe destacar que a tese jurídica paradigmática será aplicada aos processos presentes e futuros, salvo revisão posterior de tese. Ficam fora dessa regra os processos que, à época da instauração do IRDR, já haviam transitado em julgado. Quantos a estes, resta a possibilidade de propositura de ação rescisória, sem prejuízo do disposto no enunciado 343 da Súmula do STF" (DANTAS, Bruno. Comentários aos artigos 976 a 987. In: WAMBIER, Teresa Arruda Alvim et al. [coords.]. *Breves comentários ao novo Código de Processo Civil.* São Paulo: Revista dos Tribunais, 2015. Acesso eletrônico).

124 STF. Plenário. RE 590.809/RS, Rel. Min. Marco Aurélio, julgado em 22/10/2014.

> rescisória por violação de literal dispositivo de lei quando a matéria era controvertida nos Tribunais à época do julgamento. A jurisprudência, contudo, tanto do STF como do STJ evoluiu de modo a considerar que não se pode admitir que prevaleça um acórdão que adotou uma interpretação inconstitucional (STF) ou contrária à Lei, conforme interpretada por seu guardião constitucional (STJ). Assim, nas hipóteses em que, após o julgamento, a jurisprudência, ainda que vacilante, tiver evoluído para sua pacificação, a rescisória pode ser ajuizada. 6. Compete ao requerente, ao demonstrar a violação de literal dispositivo de lei, expor em que sentido se pacificou a jurisprudência dos Tribunais Superiores. 7. Não é possível alegar, em ação rescisória, fato contrário ao que ficou incontroverso na ação originária. Vedação do comportamento processual contraditório. 8. Os arts. 38 da Lei nº 8.884/1994 e 24 da MP nº 566/1994 não se aplicam à hipótese de reajuste de benefícios previdenciários, cuja data-base de reajuste é anterior à edição dessas normas. Aplicação dos arts. 14 e 16 da MP 542/1994. 9. A ação rescisória, por sua força e importância institucional, é medida de extrema gravidade que deve ser manejada apenas em hipóteses excepcionais, demandando seriedade e ponderação ao requerente. 10. O manejo de ação rescisória sem a demonstração da pacificação da jurisprudência do Tribunal Superior em sentido contrário ao do julgamento e, mais, na hipótese em que a jurisprudência caminhou no mesmo sentido do acórdão recorrido, com distorção de situações de fato, é medida de má-fé. 11. A litigância de má-fé assume especial gravidade quando a intenção da parte é de postergar o recebimento, por pessoas de idade avançada, de benefícios relacionados a complementação de aposentadoria. A proteção ao idoso é garantida de maneira prioritária tanto pela Constituição Federal como pela legislação infraconstitucional. 12. Pedido julgado improcedente, com aplicação de multa[125].

Os pronunciamentos meramente persuasivos, por outro lado, segundo entendimento pacífico, não são causa de pedir válida para a rescisão:

---

125 AR 3.682/RN, Rel. Min. Nancy Andrighi, Segunda Seção, julgado em 28/09/2011.

> PROCESSO CIVIL. RECURSO ESPECIAL. AÇÃO RESCISÓRIA. HIPÓTESE DE CABIMENTO. VIOLAÇÃO À LITERAL DISPOSIÇÃO DE LEI. PRECEDENTE DO STJ COM EFICÁCIA VINCULANTE. 1. Ação rescisória ajuizada em 05/12/2014, de que foi extraído o presente recurso especial, interposto em 18/03/2015 e concluso ao Gabinete em 24/02/2017. Julgamento pelo CPC/1973. 2. Cinge-se a controvérsia a decidir, preliminarmente, sobre o cabimento da ação rescisória e, no mérito, se o acórdão rescindendo violou o art. 205 do CC/2002. 3. A súmula 343/STF nega o cabimento da ação rescisória quando o texto legal tiver interpretação controvertida nos tribunais. No entanto, o STF e esta Corte têm admitido sua relativização para conferir maior eficácia jurídica aos precedentes dos Tribunais Superiores. 4. Embora todos os acórdãos exarados pelo STJ possuam eficácia persuasiva, funcionando como paradigma de solução para hipóteses semelhantes, nem todos constituem precedente de eficácia vinculante. 5. A despeito do nobre papel constitucionalmente atribuído ao STJ, de guardião da legislação infraconstitucional, não há como autorizar a propositura de ação rescisória – medida judicial excepcionalíssima – com base em julgados que não sejam de observância obrigatória, sob pena de se atribuir eficácia vinculante a acórdão que, por lei, não o possui. 6. Recurso especial desprovido[126].

Há entendimento doutrinário no sentido de que a melhor orientação é priorizar esta última espécie de segurança jurídica, não permitindo que duas situações, próximas no tempo (o prazo decadencial de dois anos se mantém), recebam respostas jurisdicionais díspares, quase que por obra do acaso[127].

---

126 REsp 1.655.722/SC, Rel. Min. Nancy Andrighi, Terceira Turma, julgado em 14/03/2017.

127 "A Súmula 343, a nosso ver, compromete os princípios da legalidade e o da isonomia, do mesmo modo que ocorria com a Súmula 400 do Supremo Tribunal Federal, que vem sendo, felizmente, cada vez menos invocada pelos nossos tribunais superiores.
A Súmula 343 afasta a isonomia impedindo que duas situações idênticas sejam resolvidas da mesma forma, com base em critério não jurídico, sequer racional. O princípio da isonomia é aquele segundo o qual o direito deve atingir a

Em decisão mais recente, o STJ, contudo, afasta a possibilidade de relativização da coisa julgada em razão de entendimento firmado posteriormente ao trânsito:

> AGRAVO INTERNO. RECURSO EXTRAORDINÁRIO. AÇÃO RESCISÓRIA. JULGADO EM HARMONIA COM ENTENDIMENTO JURISPRUDENCIAL VIGENTE À ÉPOCA DA FORMALIZAÇÃO DO ACÓRDÃO RESCINDENDO. INCIDÊNCIA DA SÚMULA 343/STF.
>
> NÃO CABIMENTO DA AÇÃO RESCISÓRIA. TEMA 136/STF. AGRAVO IMPROVIDO.
>
> 1. Nos termos do entendimento firmado pelo Supremo Tribunal Federal no julgamento do RE 590.809 RG/RS, não cabe ação rescisória quando o julgado estiver em harmonia com o entendimento firmado pelo Plenário do Supremo à época da formalização do acórdão rescindendo, ainda que ocorra posterior superação do precedente. 2. Agravo interno improvido[128].

todos do mesmo modo, e, quando isso não ocorrer, *a discriminação não pode ser feita arbitrariamente*, sendo vantajosa ou desvantajosa para os atingidos. Deve haver, portanto, possibilidade de se *justificar racionalmente* o porquê da discriminação. Deve existir uma *correlação racional* entre os discriminados, tipo de discriminação e a razão de esta ter sido feita.
Por isso é que, em nossa opinião, não tem sentido diferenciar situações a partir do "acaso", ou de quaisquer outros critérios que não justificam tal discriminação. É esse o defeito da Súmula 343: baseia-se num "critério" que não é racional. Assim, se A foi prejudicado por certa decisão que encampou certa posição da jurisprudência, tendo-se, *em seguida*, pacificado a jurisprudência em sentido contrário, deve ter direito ao uso da ação rescisória. *O fato de haver jurisprudência conflitante à época da prolação da decisão não é critério racional para privar A da possibilidade do uso da ação rescisória*" (ALVIM, Teresa Arruda. Um olhar sobre modulação a partir da Lei nº 13.655/2018. *Consultor Jurídico*. 02/05/2018. Disponível em: <https://www.conjur.com.br/2018-mai-02/teresa-arruda-alvim-modulacao-olhar-partir-lei-13655>).

128 AgInt no RE nos EDcl no AgInt no AREsp 1100126/RS, Rel. Min. Maria Thereza de Assis Moura, Corte Especial, julgado em 27/11/2018.

7.6.3. Limitação territorial

As duas espécies de eficácia anteriores estão condicionadas pelo aspecto territorial. Da leitura do art. 985, I e II, se extrai que os efeitos se restringem aos órgãos jurisdicionais subordinados, territorialmente, ao tribunal que fixa a tese em IRDR, inclusive os juizados especiais. Embora o tratamento do IAC seja silente a respeito, se aplica a mesma lógica.

A previsão legal é consentânea com a divisão federativa do país[129]. Por mais que a jurisdição seja una, andou bem o Código ao conjugar a autonomia dos tribunais com os efeitos dos entendimentos que venham a sedimentar.

Cumpre perceber que, dentro desse espectro espacial, tanto os órgãos inferiores (irradiação vertical do entendimento) como os de igual instância (irradiação horizontal da tese), compostos por membros do tribunal, se subordinam à pacificação da questão.

Quanto aos recursos repetitivos e ao IAC julgado por tribunal de cúpula, a amplitude espacial é nacional, de modo que a questão não se afigura problemática.

---

129 "A regra do *caput* do art. 985 satisfaz à promessa constitucional de igualdade perante a lei, sem vulnerar nosso modelo federativo, pois limita os efeitos da decisão em IRDR à área territorial de jurisdição de cada tribunal. Evidentemente, quando o incidente for julgado pelo STF ou pelo STJ, atingirá todo o território nacional" (DANTAS, Bruno. Comentários aos artigos 976 a 987. In: WAMBIER, Teresa Arruda Alvim et al. [Coords.]. *Breves comentários ao novo Código de Processo Civil*. São Paulo: Revista dos Tribunais, 2015. Acesso eletrônico).

Capítulo 8

RECURSOS

8.1. Embargos de declaração

A decisão[1] do mérito dos incidentes será recorrível, em qualquer uma das espécies, por embargos de declaração. Nessa insurreição de fundamentação vinculada, o objetivo é melhorar a resposta jurisdicional, quando diante de erro material, omissão, obscuridades e contradições.

Fica patente a relevância que ganha esse instrumento no julgamento que fixa tese jurídica, em que a motivação deve obedecer a parâmetros rígidos, devendo ser apresentada de maneira particularmente clara e isenta de dúvidas. Desse modo, inquestionável o cabimento dos aclaratórios.

8.2. Recursos extraordinários

Ultrapassados ou inexistentes os referidos vícios, permanece em relação à decisão de mérito do incidente (isto é, a atinente à primeira fase de julgamento, que fixa a tese), a possibilidade de recursos extraordinários. O Código apenas menciona seu cabimento no julgamento do incidente de resolução de demandas repetitivas (art. 987 do CPC).

A falta de previsão específica do cabimento do recurso em face da decisão que julga o incidente não impede, porém, o seu manejo.

---

1 Trata-se de autêntico acórdão, enquanto julgamento colegiado proferido por tribunal (art. 204), e não de decisão interlocutória, como quer parte da doutrina (CAVALCANTI, Marcos de Araújo. *Incidente de resolução de demandas repetitivas (IRDR)*. São Paulo: Revista dos Tribunais, 2016).

Primeiro, porque sempre é possível a impugnação pelas partes do caso concreto, seguindo os ditames normais, o que permitirá a análise do acerto pelo órgão *ad quem*.

Segundo – e este é o ponto mais problemático – porque é possível inserir o recurso contra a parte do acórdão que fixa a tese nas hipóteses regulares de cabimento dos arts. 102, III, e 105, III, da Constituição. Aliás, se não fosse assim, nem a menção legal expressa bastaria, ante a taxatividade do cabimento estatuída pelo constituinte.

Quanto ao recurso extraordinário, é inegável que só será cabível quando houver alguma alegação de ofensa à Constituição por parte do tribunal, dentro dos moldes do art. 102, III:

> Art. 102. Compete ao Supremo Tribunal Federal, precipuamente, a guarda da Constituição, cabendo-lhe:
>
> III – julgar, mediante recurso extraordinário, as causas decididas em única ou última instância, quando a decisão recorrida:
>
> a) contrariar dispositivo desta Constituição;
>
> b) declarar a inconstitucionalidade de tratado ou lei federal;
>
> c) julgar válida lei ou ato de governo local contestado em face desta Constituição.
>
> d) julgar válida lei local contestada em face de lei federal.

A causa de pedir recursal deverá ser, portanto, o fato de a interpretação eleita como correta pela Corte local não se coadunar com aquela que está mais de acordo com o texto constitucional. Em outras palavras: a tese deverá ser reputada inconstitucional, pelo recorrente.

Em se tratando de recurso especial, o mesmo raciocínio se coloca. Será cabível a impugnação quando a interpretação dada à lei federal não for acertada, na forma do art. 105, III:

> Art. 105. Compete ao Superior Tribunal de Justiça:
>
> III – julgar, em recurso especial, as causas decididas, em única ou última instância, pelos Tribunais Regionais Federais ou pelos tribunais dos Estados, do Distrito Federal e Territórios, quando a decisão recorrida:

> a) contrariar tratado ou lei federal, ou negar-lhes vigência;
>
> b) julgar válido ato de governo local contestado em face de lei federal;
>
> c) der a lei federal interpretação divergente da que lhe haja atribuído outro tribunal.

É possível, ainda, o recurso fundado no dissídio jurisprudencial da alínea *c*, quando houver posicionamento tranquilo ou, em especial, IAC ou IRDR julgado por outro tribunal, concluindo em sentido diverso do da tese fixada no acórdão recorrido. De fato, se o constituinte autorizou ao Superior Tribunal de Justiça conhecer impugnação baseada na correção da disparidade de entendimentos, o acórdão do incidente de assunção de competência é uma segura e exemplar exposição de qual seria o posicionamento real de uma Corte.

Tampouco é procedente a crítica ao recurso contra acórdão que decide um dos incidentes em tribunal local, por supostamente ampliar o rol constitucional do cabimento dessas impugnações, especificamente a noção de "causa decidida"[2].

Sucede que a referida expressão, essencialmente vaga[3], tem seu significado enriquecido com o advento de novas técnicas,

---

2 Considerando ilegítima a ampliação, quando o IRDR funcionar como procedimento modelo, ante a desistência do processo: CABRAL, Antonio do Passo. Comentário ao artigo 987. In: CABRAL, Antonio do Passo; CRAMER, Ronaldo (Coords.). *Comentários ao novo Código de Processo Civil*. 2ª ed. Rio de Janeiro: Forense, 2016.

3 "Por fim, quanto à exigência de que exista uma 'decisão final', na qual se 'resolve o mérito do processo', para viabilizar o manejo do recurso extraordinário ou do recurso especial, não há porque se considerar isto um óbice para a utilização desses recursos para impugnar a decisão que julga o mérito do IRDR. Os dispositivos constitucionais que se ocupam da competência recursal do STF e STJ, para julgamento do recurso extraordinário e recurso especial, mencionam 'causas decididas', uma expressão vaga que exige uma interpretação sensível ao contexto na qual é utilizada. Ao analisar o IRDR, com a identificação do processo-piloto, seguindo-se a fase de instrução e demais medidas atinentes ao incidente, o que ocorre ao final é tanto o julgamento do mérito do IRDR, como o julgamento da causa, com a respectiva apresentação da interpretação

decorrentes de novas funções jurisdicionais[4], capazes de homenagear o devido processo legal, o acesso à justiça e a duração razoável dos processos, valores constitucionais[5]. Como aponta Bruno Dantas, a restrição a esses recursos ensejaria, como consequência previsível, o manejo de uma multiplicidade de impugnações contra a tese fixada, em todos os processos em que for aplicada:

> "Suscitar a impossibilidade do manejo do recurso extraordinário ou do recurso especial da decisão que julga o IRDR acarretaria, consequentemente, abrir a via para diversos recursos extraordinários e recursos especiais da decisão que aplicar a tese fixada

---

> firmada sobre a questão de direito, como resultado. Portanto, o recurso extraordinário ou o recurso especial que impugnarão o julgamento do incidente, também impugnam a causa decidida. Assim sendo, se a decisão que julga o mérito do IRDR deve ser impugnável, as cortes competentes para analisar esta impugnação devem ser o STF ou STJ, o debate que resta é sobre qual técnica processual seria a mais amoldada para veicular esta impugnação. Conclui-se que não há dúvida sobre a adequação do recurso extraordinário e do recurso especial para este desígnio, tendo em vista a finalidade que estes instrumentos desempenham no sistema recursal brasileiro, assim como as funções que o STF e o STJ realizam no sistema judiciário.
>
> O dispositivo em estudo não faz surgir uma outra hipótese de cabimento dos recursos direcionados ao STF e ao STF, mas somente possibilita que tais cortes analisem o julgamento da questão de direito debatida no IRDR. Por isso a necessidade de que o recorrente demonstre as hipóteses previstas nos arts. 102, III, e 105, III, da CF" (DANTAS, Bruno. Comentários aos artigos 976 a 987. In: WAMBIER, Teresa Arruda Alvim et al. [Coords.]. *Breves comentários ao novo Código de Processo Civil*. São Paulo: Revista dos Tribunais, 2015. Acesso eletrônico.).

---

4 Para a compreensão da nova feição jurisdicional, veja-se: PINHO, Humberto Dalla Bernardina de. *Jurisdição e pacificação*: limites e possibilidades do uso dos meios consensuais de resolução de conflitos na tutela dos direitos transindividuais e pluri-individuais. Curitiba: CRV, 2017; e MENDES, Aluisio Gonçalves de Castro. *Incidente de resolução de demandas repetitivas:* sistematização, análise e interpretação do novo instituto processual. Rio de Janeiro: Forense, 2017, p. 226-227.

5 MENDES, Aluisio Gonçalves de Castro. *Incidente de resolução de demandas repetitivas:* sistematização, análise e interpretação do novo instituto processual. Rio de Janeiro: Forense, 2017, p. 210.

> a todos os demais casos idênticos. Desta forma, a escolha em conferir ao STF e ao STJ a possibilidade de análise do julgamento em sede de IRDR, além de evidenciar um caráter evidente paradigmático ao resultado final do incidente, resolve tanto as demandas veiculadas nos processos idênticos, como desestimula o manejo do recurso extraordinário e recurso especial para discutir algo sobre o qual aquelas cortes de cúpula já fixaram interpretação [6].

A previsão de "causa decidida em única ou última instância" é constitucional, mas seu preenchimento, sua definição, se dá no patamar infraconstitucional[7]. Com efeito, dessa maneira é possível que o legislador atenda às garantias constitucionais, dinamizando o ordenamento com soluções contemporâneas[8].

Ademais, a preocupação principiológica da nova codificação antes prestigia a possibilidade de recurso em procedimento objetivo do que a contraria. A previsão dos recursos extraordinários serve de estímulo à pacificação definitiva e nacional da questão, como leciona Paulo Cezar Pinheiro Carneiro, gerando isonomia e segurança jurídica, por meio da abreviação do caminho até os tribunais de cúpula:

> O Código procurou, aqui, incentivar a interposição dos recursos especial e extraordinário, inclusive dotando-os de efeito suspensivo e presumindo a sua repercussão geral (art. 991, §1º). O motivo para tanto é simples: o que se objetiva é que o incidente resolva não só aquela questão de direito no âmbito estadual, mas em todo o território nacional, mesmo porque, normalmente, esses tipos de

---

6 DANTAS, Bruno. Comentários aos artigos 976 a 987. In: WAMBIER, Teresa Arruda Alvim et al. (Coords.). *Breves comentários ao novo Código de Processo Civil.* São Paulo: Revista dos Tribunais, 2015. Acesso eletrônico.

7 MENDES, Aluisio Gonçalves de Castro. *Incidente de resolução de demandas repetitivas:* sistematização, análise e interpretação do novo instituto processual. Rio de Janeiro: Forense, 2017, pp. 209/231.

8 Na mesma linha, reconhecendo a implicação das novas funções jurisdicionais na concepção de "causa em última instância": DIDIER JR., Fredie; CUNHA, Leonardo Carneiro da. *Curso de direito processual civil.* v. 3. 14 ed. Salvador: JusPodivm, 2017, pp. 682/683.

> questões que serão objetos do incidente interessam a todo o país, como nos casos apontados acima, da taxa de telefonia e das cadernetas de poupança. Espera-se, portanto, a interposição de recurso para os Tribunais Superiores: porque antes do cumprimento da decisão proferida nos Tribunais estaduais, quer-se o pronunciamento do STJ ou STF para que a decisão possa a todos vincular. Com a tomada de posição pelos órgãos máximos do Judiciário nacional, a questão de direito enfrentada no incidente passa a ficar uniformizada para todo o país, atendendo, assim, os princípios estabelecidos nos primeiros artigos do Projeto do novo CPC, notadamente a segurança jurídica e a isonomia, e, ao mesmo tempo, reduzindo o número de processos individuais a espera de solução"[9].

Isso porque, quando julgado, o referido recurso, seja ele especial ou extraordinário, acarretará a aplicação da tese definitiva e todos os processos nacionais que versem sobre a questão (art. 987, §2º, por analogia).

Os desejáveis recursos especial e/ou extraordinário seguirão processamento definido nos regimentos internos das Cortes de cúpula[10], ostentando efeito suspensivo automático (art. 987, §1º), excepcionando a regra geral do art. 1.029, §5º.

---

9 CARNEIRO, Paulo Cezar Pinheiro. Breves notas sobre o incidente de resolução de demandas repetitivas. *Revista Eletrônica de Direito Processual*, v. XIV, ano 8, jul./dez. 2014, p. 486.

10 "Recentemente, o STJ também promoveu alterações em seu Regimento Interno e inseriu dispositivo específico, disciplinando que os recursos especiais interpostos em julgamento de mérito do IRDR 'serão processados nos termos desta Seção' (Recurso Especial Repetitivo). Porém, não se sabe ao certo se, com a referida alteração (ou seria uma mutação?), o STJ está tentando equalizar o processamento do REsp oriundo de IRDR com a sistemática dos recursos especiais repetitivos (identificação própria no sistema informatizado, ofícios aos tribunais locais, indicação do caso na página da internet da Corte especial, prazo máximo de conclusão, entre outros) ou se, na realidade, a ideia é filtrar ainda mais o cabimento direto da reclamação. Não se pode olvidar que, de acordo com o CPC/2015, o Regimento Interno dos tribunais deve ser observado no processamento dos recursos repetitivos e do IRDR (arts. 978 e 1.036). Considerando que as alterações do Regimento Interno do STJ foram promovidas meses após a vigência da Lei nº 13.256/2016, quer nos parecer

Outra peculiaridade é a presunção de repercussão geral da questão para fins da admissibilidade do recurso extraordinário interposto contra o acórdão (art. 987, §1º). A Lei nº 13.256/2016 revogou o inciso II do art. 1.035, §3º, que assegurava a presença inevitável da repercussão geral no caso analisado. No entanto, o art. 987, §1º continua incólume, assegurando a presunção do referido requisito de admissibilidade.

Para conciliar a interpretação dos dois comandos, capaz de indicar uma incongruência sistêmica, pode-se considerar que a presunção, antes absoluta, tornou-se relativa. É dizer: presume-se a repercussão geral, que, para ser afastada, demandará labor argumentativo robustecido por parte da Suprema Corte.

Na realidade, é questionável que um acórdão proferido com tamanho potencial de eficácia possa deixar de ostentar repercussão geral, ante a sua vocação coletiva, a prestigiar a isonomia e a segurança jurídica[11] – o que é patente no incidente de assunção de competência que verse sobre questão de repercussão social –, levando

que a intenção foi, na prática, 'transformar' o REsp do IRDR em REsp repetitivo, a fim de que o respectivo acórdão não possa ser atacado diretamente por reclamação (art. 988, § 5º, II, do CPC), obrigando, com isso, o jurisdicionado a esgotar as instâncias ordinárias antes de manejá-la" (MAZZOLA, Marcelo. STJ: Processamento do IRDR pela sistemática do repetitivo. *Jota*. 5 ago. 2017. Disponível em: https://jota.info/artigos/stj-processamento-do-irdr-por-sistematica-do-repetitivo-05082017. Acesso em: 10 out. 2017).

11 "Observa-se, em ambos os casos, a atenção que o legislador dedica à segurança jurídica e à isonomia, tanto para possibilitar ao STF a análise de decisão recorrida contrária à sua jurisprudência estável, como para possibilitar este tribunal de fixar intepretação paradigmática sobre a questão de direito objeto do IRDR. Trata-se de opção política que retira do STF o poder de eventualmente desconsiderar recursos extraordinários que impugnem a decisão que julgou o mérito do IRDR, mesmo que a questão constitucional neles debatida for desprovida de impacto jurídicos, políticos, sociais e econômico, considerando valores como a segurança jurídica e isonomia em evidência nos fundamentos do IRDR" (DANTAS, Bruno. Comentários aos artigos 976 a 987. In: WAMBIER, Teresa Arruda Alvim et al. [Coords.]. *Breves comentários ao novo Código de Processo Civil*. São Paulo: Revista dos Tribunais, 2015. Acesso eletrônico).

parte da doutrina a sustentar que tais recursos devem ser aceitos automaticamente, apenas demandando uma análise formal dos demais requisitos de admissibilidade que não o cabimento[12].

Tudo isso porque o sistema jurídico pátrio não pode conter brechas ou rachaduras, cabendo ao microssistema de tutela pluri-individual a uniformização da jurisprudência e a racionalização do Judiciário com a maior brevidade possível, mantidos os padrões esperados das garantias processuais – e, na opção pretendida, inexiste violação de direitos, até por se tratar de processo objetivo.

Importante, ainda, sublinhar que, em se tratando de IAC sobre matéria de direito local, ausentes estarão as hipóteses de cabimento do recurso especial[13]. Quanto ao recurso extraordinário, só será manejável se houver discussão quanto à constitucionalidade, frente à Constituição Federal, da norma interpretada no incidente.

8.3. Legitimidade

A legitimidade para a interposição dos recursos é extraída da combinação da regra geral do sistema recursal (art. 996) com a legitimidade específica para a instauração dos incidentes no microssistema (art. 947, §1º)[14].

Dessa equação, conclui-se que podem recorrer: o Ministério Público, a Defensoria Pública, as partes dos processos afetados e os *amici curiae* (únicos a receber dispositivo específico outorgando a legitimidade – art. 138, §3º).

---

12 LEMOS, Vinicius Silva. *O incidente de assunção de competência:* da conceituação à procedimentalidade. Salvador: JusPodivm, 2018, p. 170.

13 LEMOS, Vinicius Silva. *O incidente de assunção de competência:* da conceituação à procedimentalidade. Salvador: JusPodivm, 2018, p. 170.

14 MENDES, Aluisio Gonçalves de Castro. *Incidente de resolução de demandas repetitivas:* sistematização, análise e interpretação do novo instituto processual. Rio de Janeiro: Forense, 2017, pp. 231/232.

A propósito, não se pode ignorar a discussão quanto à legitimidade das partes de processos em curso a envolver a mesma questão, estejam eles suspensos (na hipótese de o colegiado haver assim decidido, expressamente) ou não (como será a regra).

Para Vinicius Lemos, apenas poderiam recorrer nos seus próprios processos, quando da aplicação da tese jurídica[15], por ausência de previsão legal.

No entanto, se afigura muito mais proveitoso que tais sujeitos recorram da decisão de mérito do incidente, no capítulo referente à fixação da tese, manejando os recursos como terceiros prejudicados. É essa a linha majoritária na definição da questão no incidente de resolução de demandas repetitivas[16].

No caso do IAC, a legitimidade recursal tem contornos peculiares para aqueles não envolvidos no processo sobrestado. Esses sujeitos, perfeitamente interessados na discussão atinente à tese jurídica, não ostentam interesse recursal quanto à sua aplicação ao processo originário, remessa necessária ou recurso pelo órgão colegiado. O recurso só será cabível quanto à parcela da decisão abstrata, seja a fundamentação, seja a redação da tese fixada.

Os litigantes do caso julgado, por sua vez, poderão se insurgir contra o julgamento do litígio concreto, naturalmente. Portanto, existem dois capítulos impugnáveis autônoma ou conjuntamente, portanto: o que fixa a tese e o que a aplica à relação jurídica examinada.

Por fim, cabe reconhecer que, com a aplicação da tese aos processos sobrestados (eficácia atual ou panprocessual) ou futuros (eficácia prospectiva ou atemporal), as partes poderão, pelos caminhos

---

15 LEMOS, Vinicius Silva. *O incidente de assunção de competência:* da conceituação à procedimentalidade. Salvador: JusPodivm, 2018, pp. 172/173.

16 Enunciado 91 do FPPC. Nessa linha, já se sustentou legitimidade a "todos os titulares de direitos, deveres ou obrigações que possam depender da resolução da questão posta a ser elucidada no incidente". MENDES, Aluisio Gonçalves de Castro. *Incidente de resolução de demandas repetitivas:* sistematização, análise e interpretação do novo instituto processual. Rio de Janeiro: Forense, 2017, p. 232.

ordinários, impugnar a decisão. Quanto à resolução da matéria pacificada, contudo, só lograrão êxito em afastar o entendimento caso haja demonstração de distinção[17] da questão ou sua superação.

---

17 A título de exemplo: "PROCESSUAL CIVIL E TRIBUTÁRIO. AGRAVO REGIMENTAL NO RECURSO ESPECIAL. MANDADO DE SEGURANÇA. PIS. ATO COOPERATIVO TÍPICO. ISENÇÃO. ENTENDIMENTO FIXADO NO RITO DOS RECURSOS REPETITIVOS. DEVOLUÇÃO DOS AUTOS AO RELATOR PARA EXAME DO JUÍZO DE RETRATAÇÃO, NA FORMA DO ART. 1.030, II, DO CPC/2015, ANTE O DECIDIDO PELO STF NO RE 599.362/RJ. QUESTÕES DISTINTAS. INAPLICABILIDADE DO ENTENDIMENTO FIRMADO EM SEDE DE REPERCUSSÃO GERAL. 1. Autos devolvidos pela Vice-Presidência do STJ para análise de hipótese de retratação, conforme previsão do art. 1.030, II, do CPC/2015. 2. O agravo regimental do ente público não foi provido, confirmando a decisão monocrática, sob o fundamento de que esta Corte, no julgamento do REsp 1.141.667/RS, sob o rito dos recursos repetitivos, firmou a compreensão de que não incide a contribuição destinada ao PIS/ COFINS sobre os atos cooperativos típicos realizados pelas cooperativas. 3. Não há que se falar em juízo de retratação na espécie, pois o Supremo Tribunal Federal, no julgamento do RE 599.362/RJ, reconheceu a incidência da contribuição ao PIS sobre os atos praticados pela cooperativa com terceiros tomadores de serviço, hipótese distinta do caso sub examine, o qual restringe-se à declaração de inexigibilidade do PIS sobre os atos cooperativos próprios. 4. Juízo de retratação rejeitado. 5. Agravo regimental não provido" (AgRg no REsp 1.057.179/RJ, Rel. Min. Benedito Gonçalves, Primeira Turma, julgado em 28/11/2017).

Capítulo 9

REVISÃO DA TESE JURÍDICA

Um dos perigos do fortalecimento dos precedentes judiciais é a petrificação dos entendimentos, acaso não se deixe instrumento apto a ensejar a revisão dos entendimentos[1]. São tempos de modernidade líquida, em que o sistema jurídico é chamado a conciliar a uniformização e a estabilidade com a mutabilidade oportuna[2].

Atento a esse desafio, o legislador previu, no microssistema, a viabilidade da revisão da tese fixada no IAC (art. 947, §3º), no próprio tribunal que a fixou. O procedimento, simétrico àquele em que o entendimento foi definido[3], pode ocorrer a qualquer prazo – espera-se, inclusive, que demore a suceder, o que seria indicativo da estabilidade da jurisprudência.

Para que seja deflagrado esse procedimento, deve haver provocação por parte do próprio tribunal ou dos legitimados elenca-

---

1 "Em voto vencido no julgamento da Questão de Ordem no Agravo de Instrumento nº 1.154.599-SP, o então Ministro do STJ Teori Albino Zavascki apontou os perigos da imutabilidade das decisões se as portas para rediscussão na Corte Superior estiverem invariavelmente fechadas, destacando que tal solução não seria compatível com nosso sistema, nem com qualquer outro sistema de direito, uma vez que mesmo aqueles que cultuam rigorosamente a força vinculante dos precedentes obrigatórios admitem iniciativas dos jurisdicionados tendentes a modificar aquele entendimento anterior. Como solução, o Min. Teori sustenta que o entendimento anterior do STJ era mais adequado, ou seja, não vedar a admissão do recurso, mas sim preservar a autoridade do precedente por intermédio da utilização rigorosa das sanções de natureza pecuniária a que está sujeito o recorrente que insiste em formular pretensões meramente protelatórias" (PINHO, Humberto Dalla Bernardina de. *Direito processual civil contemporâneo.* v. 2. São Paulo: Saraiva, 2017, p. 975, nº 85).

2 MENDES, Aluisio Gonçalves de Castro. *Incidente de resolução de demandas repetitivas:* sistematização, análise e interpretação do novo instituto processual. Rio de Janeiro: Forense, 2017, p. 248.

3 DIDIER JR., Fredie; CUNHA, Leonardo Carneiro da. *Curso de direito processual civil*. v. 3. 14ª ed. Salvador: JusPodivm, 2017, p. 701.

dos no art. 947, quais sejam, o Ministério Público e a Defensoria Pública[4]. Acrescenta-se ao rol as partes dos processos que versem sobre a questão, já que a possibilidade de deflagração de ofício é sempre sinal do cabimento da provocação.

No IAC, o rol é o mesmo. Além da legitimidade, deverá estar presente, para que se admita o procedimento revisional, algum elemento novo, apto a justificá-lo. Poderá ser um elemento normativo (modificação ou revogação da lei em que se baseou a fixação da tese, o advento de conjunto normativo novo, mudança do entendimento da própria corte ou superação da tese por tribunal superior[5]), ou circunstâncias econômicas, culturais, sociais[6] e políticas[7].

---

4 "Como se trata de atuação diretamente no tribunal, a atribuição, em princípio, é do Procurador-Geral e do Defensor Público-Geral" (DANTAS, Bruno. Comentários aos artigos 976 a 987. In: WAMBIER, Teresa Arruda Alvim et al. [Coords.]. *Breves comentários ao novo Código de Processo Civil*. São Paulo: Revista dos Tribunais, 2015. Acesso eletrônico). É questionável a menção do autor ao Defensor Público-Geral e ao Procurador-Geral, cabendo às instituições autônomas disciplinar, internamente, a atribuição, que poderá recair sobre a própria Chefia Institucional, outro órgão de execução já existente ou mesmo sobre órgão a ser criado para tal finalidade.

5 Enunciado 607 do FPPC: A decisão em recursos especial ou extraordinário repetitivos e a edição de enunciado de súmula pelo STJ ou STF obrigam os tribunais de segunda instância a rever suas decisões em incidente de resolução de demandas repetitivas, incidente de assunção de competência e enunciados de súmula em sentido diverso, nos termos do art. 986.

6 "Pode ocorrer que, transcorrido o tempo, a decisão paradigmática anterior já não se apresente com aderência aos novos valores da sociedade, ou que tenha havido alguma mudança normativa a acarretar reflexos que tornaram o entendimento solidificado no passado incompatível com a ordem jurídica vigente" (DANTAS, Bruno. Comentários aos artigos 976 a 987. In: WAMBIER, Teresa Arruda Alvim et al. [Coords.]. *Breves comentários ao novo Código de Processo Civil*. São Paulo: Revista dos Tribunais, 2015. Acesso eletrônico).

7 Enunciado 322 do FPPC.

No seu bojo, o procedimento deverá se abrir para audiências públicas e a intervenção de sujeitos, como o *amicus curiae*, garantindo ampla participação (art. 927, §2º)[8]:

> Art. 927. (...)
> § 2º A alteração de tese jurídica adotada em enunciado de súmula ou em julgamento de casos repetitivos poderá ser precedida de audiências públicas e da participação de pessoas, órgãos ou entidades que possam contribuir para a rediscussão da tese.

A menção a "julgamento de casos repetitivos" no dispositivo acaba por dizer menos do que deveria, exigindo a segurança jurídica que o debate seja qualificado também na modificação de entendimento firmado em IAC[9].

O tribunal, atento à segurança jurídica na qual se baseia todo o sistema, deve cogitar de regras de transição (art. 927, §2º[10]), minimizando os efeitos da modificação, não apenas por critérios temporais, como também subjetivos, afetando certos grupos de maneira diferenciada. Igualmente, se recomenda a sinalização da possível alteração, inclusive via a técnica do julgamento alerta[11].

---

8 CARNEIRO, Paulo Cezar Pinheiro. Breves notas sobre o Incidente de Resolução de Demandas Repetitivas. *Revista Eletrônica de Direito Processual*, v. XIV, ano 8, jul./dez. 2014, p. 485-486.

9 Enunciado 461 do FPPC: O disposto no §2º do art. 927 aplica-se ao incidente de assunção de competência.

10 Note-se que, de acordo com o STJ, a modulação de efeitos passou a ser possível apenas com o CPC/2015, não sendo os embargos de declaração opostos contra decisão pretérita via adequada para tanto (REsp 1.604.515/RS. 1ª Seção. Red. p/ acordão: Min. Og Fernandes. Julgado em 09/08/2017.

11 Enunciado 320 do FPPC.

O regramento, mais uma vez, deve ser estendido aos tribunais superiores[12], que devem, estando atentos à mutabilidade de diversas espécies, permitir a instauração do procedimento revisional, seja por meio da proposta de presidentes e vice-presidentes de tribunais locais, seja por iniciativa de um de seus membros.

12 MENDES, Aluisio Gonçalves de Castro. *Incidente de resolução de demandas repetitivas:* sistematização, análise e interpretação do novo instituto processual. Rio de Janeiro: Forense, 2017, p. 249.

REFERÊNCIAS BIBLIOGRÁFICAS

ABBOUD, Georges. *Discricionariedade administrativa e judicial*: o ato administrativo e a decisão judicial. São Paulo: Revista dos Tribunais, 2014.

ABBOUD, Georges; CAVALCANTI, Marcos. Inconstitucionalidades do incidente de resolução de demandas repetitivas e riscos ao sistema decisório. *Revista de Processo*, v. 240, fev. 2015.

ABBOUD, Georges; FERNANDES, Ricardo Yamin. Requisitos legais para a instauração do incidente de assunção de competência. *Revista de processo*, v. 279, mai. 2018, pp. 339-356.

ABREU, Rafael Sirangelo de. *Igualdade e processo*: posições processuais equilibradas e unidade do direito. São Paulo: Revista dos Tribunais, 2015.

ADONIAS, Antonio. Situações jurídicas homogêneas: um conceito necessário para o processamento das demandas de massa. *Revista de Processo*. v. 186, ago./2010.

ALVES, Francisco Glauber Pessoa. Fundamentação judicial no novo Código de Processo Civil. *Revista de Processo*, v. 253. mar./2016.

ALVIM, Teresa Arruda. Um olhar sobre modulação a partir da Lei nº 13.655/2018. *Consultor Jurídico*. 02/05/2018. Disponível em: <https://www.conjur.com.br/2018-mai-02/teresa-arruda-alvim-modulacao-olhar-partir-lei-13655>.

AMARAL, Guilherme Rizzo. *Comentários às alterações do novo CPC*. São Paulo: Revista dos Tribunais, 2015.

AMARAL, Guilherme Rizzo. Efetividade, segurança, massificação e a proposta de um "incidente de resolução de demandas repetitivas". *Revista de Processo*, v. 196, jun./2011.

ARAÚJO FILHO, Luiz Paulo da Silva. *Ações coletivas:* a tutela jurisdicional dos direitos individuais homogêneos. Rio de Janeiro: Forense, 2000.

ARNAUD, André-Jean. O direito contemporâneo entre regulamentação e regulação: o exemplo do pluralismo jurídico. In: ARAGÃO, Alexandre Santos de [Coord]. *O poder normativo das agências reguladoras*. 2ª ed. Rio de Janeiro: Forense, 2011.

ASSIS, Araken de. *Manual dos recursos*. 8ª ed. São Paulo: Revista dos Tribunais, 2016.

ÁVILA, Humberto. *Segurança jurídica*: entre permanência, mudança e realização no direito tributário. 2ª ed. São Paulo: Malheiros, 2012.

BAHIA, Alexandre Melo Franco de Moraes; HENRIQUES, Paula Valério. Recursos extraordinário e especial repetitivos no CPC/2015: uso e interpretação de acordo com o modelo constitucional de processo. *Revista de Processo*, v. 258, ago. 2016.

BARBOSA MOREIRA, José Carlos. A ação popular do direito brasileiro como instrumento de tutela jurisdicional dos chamados "interesses difusos". *Revista de Processo*, nº 28, out./dez. 1982.

______. Ações coletivas na Constituição Federal de 1988. *Revista de* Processo, v. 61, jan./mar. 1991.

______. A emenda constitucional n° 45 e o processo. *Revista do Ministério Público*. v. 21. Rio de Janeiro, jan./jun. 2006.

______. *Comentários ao Código de Processo Civil.* 16ª ed. Rio de Janeiro: Forense, 2011.

______. Efetividade do processo e técnica processual. In: *Temas de direito processual: sexta série*. São Paulo: Saraiva, 1997.

______. *O novo processo civil brasileiro*. 25ª ed. Rio de Janeiro: Forense, 2007.

______. Por um processo socialmente efetivo. *Revista de Processo*, São Paulo, v. 27, nº 105, jan/.mar. 2002.

______. Súmula, jurisprudência, precedente: uma escalada e seus riscos. In: ______. *Temas de direito processual*: nona série. São Paulo: Saraiva, 2007.

BASTOS, Antonio Adonias Aguiar. O devido processo legal nas causas repetitivas. Disponível em: <http://www.publicadireito.com.br/conpedi/manaus/arquivos/anais/salvador/antonio_adonias_aguiar_bastos.pdf>.

BECKER, Rodrigo; TRIGUEIRO, Victor. O novo incidente de assunção de competência e o STJ. *Jota*. Disponível em: <https://www.jota.info/opiniao-e-analise/colunas/coluna-cpc-nos-tribunais/o-novo-incidente-de-assuncao-de-competencia-e-o-stj-15122016>.

BENETI, Ana Carolina. Relação entre demandas no processo coletivo – uma análise evolutiva até o novo Código de Processo Civil. *Revista de Processo*, v. 268, jun. 2017.

BENETI, Sidnei Agostinho. Assunção de competência e *fast-track* processual. *Revista de Processo*, v. 171, mai. 2009.

BOTELHO DE MESQUITA, José Ignacio; AMADEO, Rodolfo da Costa Manso; DELLORE, Luiz; MORETO, Mariana Capela Lombardi; TEIXEIRA, Guilherme Silveira e ZVEIBEL, Daniel Guimarães. A repercussão geral e os recursos repetitivos: Economia, Direito e Política. *Revista de Processo*, v. 220, jun. 2013.

BUENO, Cássio Scarpinella. *Novo código de processo civil anotado*. 2ª ed. São Paulo: Saraiva, 2016.

BUENO, Cássio Scarpinella. *Processo civil interpretado*. 3ª ed. v. 5. São Paulo: Saraiva, 2008.

CABRAL, Antonio do Passo. O novo procedimento-modelo (musterverfahren) alemão: uma alternativa às ações coletivas. *Revista de processo*. v. 147, mai./2007.

______. A escolha da causa-piloto nos incidentes de resolução de processos repetitivos. *Revista de Processo*, v. 221, jul. 2013.

______; CRAMER, Ronaldo (coords.). *Comentários ao novo Código de Processo Civil*. 2ª ed. Rio de Janeiro: Forense, 2016.

CÂMARA, Alexandre Freitas. *Levando os padrões decisórios a sério*. Rio de Janeiro: Atlas, 2018.

CÂMARA, Alexandre Freitas. *O novo processo civil brasileiro*. 2ª ed. São Paulo: Atlas, 2016.

______; RODRIGUES, Marco Antonio dos Santos. A reunião de execuções fiscais e o NCPC: por uma filtragem à luz das normas fundamentais. *Revista de Processo*. v. 263, ano 42.

CAMARGO, Luiz Henrique Volpe. O incidente de resolução de demandas repetitivas no projeto de novo CPC: a comparação entre a versão do Senado Federal e a da Câmara dos Deputados. In: FREIRE, Alexandre et al. (orgs.). *Novas tendências do processo civil*, v. 3. Salvador: JusPodivm, 2014.

CAMBI, Eduardo. FOGAÇA, Mateus Varga. Incidente de resolução de demandas repetitivas no novo Código de Processo Civil. Revista de Processo. v. 243, mai./2015.

CAPPELLETTI, Mauro. *Juízes legisladores?*. Trad. Carlos Alberto Alvaro de Oliveira. Porto Alegre: Sergio Antonio Frabris Editor, 1993.

CARNEIRO, Paulo Cezar Pinheiro. *Acesso à justiça: juizados especiais cíveis e ação civil pública:* uma nova sistematização da teoria geral do processo. Rio de Janeiro: Forense, 1999.

CARNEIRO, Paulo Cezar Pinheiro. Breves Notas sobre o incidente de resolução de demandas repetitivas. *Revista Eletrônica de Direito Processual*, v. XIV, ano 8, jul./dez. 2014.

______. Comentário ao artigo 1º. In: WAMBIER, Teresa Arruda Alvim et al. (coords). *Breves comentários ao novo código de processo civil.* São Paulo: Revista dos Tribunais, 2015.

CASTRO, Carlos Roberto Siqueira. Função normativa regulatória e o novo princípio da legalidade. In: ARAGÃO, Alexandre Santos de (Coord.). *O poder normativo das agências reguladoras*. 2ª ed. Rio de Janeiro: Forense, 2011.

CAVACO, Bruno de Sá Barcelos. *Desjudicialização de conflitos e democracia processual*: um convite à participação procedimental e ao protagonismo do cidadão na pós-modernidade. Curitiba: Juruá, 2017.

CAVALCANTI, Marcos de Araújo. *Incidente de resolução de demandas repetitivas (IRDR).* São Paulo: Revista dos Tribunais, 2016.

______. Mecanismos de resolução de demandas repetitivas no direito estrangeiro: um estudo sobre o procedimento-modelo alemão e as ordens de litígios em grupo inglesas. *Revista de Processo*. v. 238, dez/2014.

CHIARLONI, Sergio, efficacia del precedente giudiziario e tipologia dei contrasti di giurisprudenza. *Revista de Processo*, v. 229, mar. 2014.

CINTRA, Antonio Carlos de Araújo; GRINOVER, Ada Pellegrini; DINAMARCO, Cândido Rangel. *Teoria geral do processo*. 25ª ed. São Paulo: Malheiros, 2009.

CÔRTES, Osmar Mendes Paixão. A consolidação da "objetivação" no novo Código de Processo Civil. *Revista de Processo*, v. 265, mar. 2017.

CÔRTES, Osmar Mendes Paixão. A reclamação no novo CPC – fim das limitações impostas pelos Tribunais Superiores ao cabimento?. *Revista de Processo*, v. 244, jun. 2015.

______. A Reclamação para os Tribunais Superiores no novo CPC, com as alterações da Lei 13.256/2016. *Revista de Processo*, v. 257, jul. 2016.

CÔRTES, Osmar Mendes Paixão. Comentário ao artigo 947. In: WAMBIER, Teresa Arruda Alvim et al. (coords.). *Breves comentários ao novo Código de Processo Civil*. São Paulo: Revista dos Tribunais, 2015.

CÔRTES, Osmar Mendes Paixão. *Natureza e efeitos da decisão em recurso repetitivo – uma tentativa de sistematizar a observância à tese firmada na decisão paradigma*. Monografia de Pós-doutoramento apresentada ao Programa de Pós-Graduação da Faculdade de Direito da UERJ, em junho de 2017.

COSTA, Domingos Barroso; GODOY, Arion Escorsin de. *Educação em direitos e Defensoria Pública*. Curitiba: Juruá, 2014.

CUEVA, Ricardo Villas Bôas Cueva. Técnica de julgamento dos recursos repetitivos e a constitucionalidade das decisões vinculativas e outras novidades do NCPC. *Revista de Processo*, vol. 257, jul./2016.

______. A previsão do princípio da eficiência no projeto do novo código de Processo Civil brasileiro. *Revista de Processo*, v. 233, jul. 2014.

______. Anotações sobre o incidente de resolução de demandas repetitivas previsto no projeto do novo Código de Processo Civil. *Revista de Processo*, v. 193, mar. 2011.

______. O regime processual das causas repetitivas. *Revista de processo*, v. 179, jan. 2010.

CUNHA, Luciana Gross; GABBAY, Daniela Monteiro (coords.). *Litigiosidade, morosidade e litigância repetitiva*: uma análise empírica. São Paulo: Saraiva, 2013.

DANTAS, Bruno. Comentário aos artigos 976 a 987. In: WAMBIER, Teresa Arruda Alvim et al. (coords.). *Breves comentários ao novo Código de Processo Civil*. São Paulo: Revista dos Tribunais, 2015.

DANTAS, Bruno. *Teoria dos Recursos Repetitivos:* tutela pluri-individual nos recursos dirigidos ao STF e ao STJ (arts. 543-B e 543-C do CPC). São Paulo: Revista dos Tribunais, 2015.

DELLORE, Luiz. Comentário ao art. 121. In: ______; GAJARDONI, Fernando da Fonseca; ROQUE, André; DUARTE, Zulmar. *Teoria geral do processo – comentários ao CPC de 2015: parte geral*. São Paulo: Método, 2015.

______; MARTINS, Ricardo Maffeis. Recurso especial repetitivo: escolha do recurso e (in)efetividade dos julgamentos. In: In: DIDIER JR., Fredie [coord.]. *Processo nos tribunais e meios de impugnação às decisões judiciais*. Salvador: Juspodivm, 2016.

DIDIER JR., Fredie. Os três modelos de direito processual civil: inquisitivo, dispositivo e cooperativo. *Revista de Processo*, v. 196, ago. 2011.

______; BRAGA, Paulo Sarno; OLIVEIRA, Rafael de. *Curso de direito processual civil*, v. 2. 11ª ed. Salvador: Juspodivm, 2016.

______; PEIXOTO, Ravi. O art. 489, §1º, do CPC e a sua incidência na postulação dos sujeitos processuais – um precedente do STJ. In: ALVIM, Teresa Arruda et al. (coords.). *Novo CPC aplicado visto por processualistas*. São Paulo: Revista dos Tribunais, 2017.

______; ZANETI JR., Hermes. Ações coletivas e o incidente de julgamento de casos repetitivos – espécies de processo coletivo no direito brasileiro: aproximações e distinções. *Revista de Processo*, v. 256, jun./2016.

______; ZANETI JR., Hermes. *Conceito de processo jurisdicional coletivo*. Revista de Processo, v. 229, mar. 2014.

______; ZANETI JR., Hermes. *Curso de direito processual civil*: processo coletivo. 10ª ed. Salvador: JusPodivm, 2016. v. 4.

______; CUNHA, Leonardo Carneiro da. *Curso de direito processual civil*. v. 3. 14ª ed. Salvador: Juspodivm, 2017.

DINAMARCO, Cândido Rangel. *A instrumentalidade do processo*. 10ª ed. São Paulo: Malheiros, 2002.

______. *Fundamentos do processo civil moderno*. t. 1. 6ª ed. São Paulo: Malheiros, 2010.

______; LOPES, Bruno Vasconcelos Carrilho. *Teoria geral do novo processo civil*. 2ª ed. São Paulo: Malheiros, 2017.

ESTEVES, Diogo; SILVA, Franklyn Roger Alves. *Princípios institucionais da Defensoria Pública*. 2ª ed. Rio de Janeiro: Forense, 2017.

FARIA, Marcela Kohlbach de. O dever de garantir a publicidade dos precedentes: os cadastros do CNJ e dos tribunais. In: CARNEIRO, Paulo Cezar Pinheiro; GRECO, Leonardo; PINHO, Humberto Dalla Bernardina de (coords.). *Direito intertemporal e o novo Código de Processo Civil*. Rio de Janeiro: GZ, 2017.

FERNANDES, Ricardo Yamin. *Do Incidente de Assunção de Competência*. São Paulo: Revista dos Tribunais, 2020.

FILHO, Costódio Ubirajara. A emenda constitucional 19/98 e o princípio da eficiência na administração pública. *Revista de Direito Constitucional e Internacional*, v. 27, abr./jun. 1999

FREIRE, Alexandre. Comentário ao artigo 1.038. In: CABRAL, Antonio do Passo; CRAMER, Ronaldo (coords.). *Comentários ao novo Código de Processo Civil*. 2ª ed. Rio de Janeiro: Forense, 2016.

FUX, Luiz (coord.). *O novo processo civil brasileiro – direito em expectativa*. Rio de Janeiro: Forense, 2011.

______. *Teoria geral do processo civil*. 2. ed. Rio de Janeiro: Forense, 2016.

______. *Curso de direito processual civil*. v. 1. 4 ed. Rio de Janeiro: Forense, 2008.

______; BODART, Bruno. Notas sobre o princípio da motivação e a uniformização da jurisprudência no novo Código de Processo Civil à luz da análise econômica do Direito. *Revista de Processo*, v. 269, jul./2017.

GABRIEL, Anderson de Paiva. *O contraditório participativo no processo penal: uma análise da fase pré-processual à luz do Código de Processo Civil de 2015 e da Constituição*. Rio de Janeiro: Gramma, 2017.

GAIO JÚNIOR, Antônio Pereira. Breves notas sobre aplicabilidade de IRDR nos juizados especiais. Consultor Jurídico, 26/02/2017. Disponível em: <https://www.conjur.com.br/2017-fev-26/breves-notas-aplicabilidade-irdr-juizados-especiais>.

GAIO JÚNIOR, Antônio Pereira. Os perfis do incidente de assunção de competência no CPC/2015. In: GAIO JÚNIOR, Antônio Pereira (org.). *Direito processual em movimento* – vol. VIII. Curitiba: CRV, 2019.

GAJARDONI, Fernando da Fonseca. O processo coletivo refém do individualismo. In: ZANETI JR, Hermes (coord.). *Processo coletivo.* Coleção Repercussões do Novo CPC, v. 8. Salvador: JusPodivm, 2016.

GALANTER, Marc. Why the haves come out ahead? Speculations on the limits of legal change. *Law and Society Review*, v. 9, nº 1.

GONÇALVES, Marcelo Barbi. O incidente de resolução de demandas repetitivas e a magistratura deitada. *Revista de Processo*, v. 222, ago. 2013.

GRECO, Leonardo. Publicismo e privatismo no processo civil. *Revista de Processo*. v. 164, out. 2008.

GRINOVER, Ada Pellegrini. A coletivização de ações individuais após o veto. In: CIANCI, Mirna; DELFINO, Lúcio; DANTAS, Bruno; DIDIER JUNIOR, Fredie; CUNHA, Leonardo Carneiro da; CAMARGO, Luiz Henrique Volpe; REDONDO, Bruno Garcia (coords.) *Novo Código de Processo Civil – impactos na legislação extravagante e interdisciplinar*, v. 1. São Paulo: Saraiva, 2016.

______.; BENJAMIN, Antonio Herman; WAMBIER, Teresa Arruda Alvim; VIGORITI, Vicenzo [orgs.]. *Processo coletivo – do surgimento à atualidade.* São Paulo: Ed. Revista dos Tribunais. 2014.

GUEDES, Cintia Regina. O incidente de resolução de demandas repetitivas e o papel da Defensoria Pública como porta-voz dos direitos dos litigantes individuais na formação da tese jurídica vinculante. *Revista de Direito da Defensoria Pública*, v. 27, nº 28, 2018, pp. 304-316.

HILL, Flávia Pereira. Breves comentários às principais inovações quanto aos meios de impugnação das decisões judiciais no novo CPC. In: DIDIER JR., Fredie (coord.). *Processo nos tribunais e meios de impugnação às decisões judiciais*. Salvador: Juspodivm, 2016.

JOBIM, Marco Félix. *O direito fundamental à duração razoável do processo e a responsabilidade civil do Estado em decorrência da intempestividade processual.* 2ª ed. rev. e ampl. Porto Alegre: Livraria do Advogado Editora, 2012.

KNIJNIK, Danilo. *O recurso especial e a revisão da questão de fato pelo Superior Tribunal de Justiça*. Rio de Janeiro: Forense, 2005.

LEAL, Márcio Flávio Mafra. *Ações coletivas*. São Paulo: Revista dos Tribunais, 2014.

LEMOS, Vinicius Silva. *O incidente de assunção de competência:* da conceituação à procedimentalidade. Salvador: JusPodivm, 2018.

LEONEL, Ricardo de Barros. Intervenção do Ministério Público no incidente de resolução de demandas repetitivas. *Revista Jurídica da Escola Superior do Ministério Público de São Paulo*, v. 1, 2012.

LEVY, Daniel. O incidente de resolução de demandas repetitivas no anteprojeto do novo Código de Processo Civil. *Revista de Processo*, v. 196, jun. 2011.

LIEBMAN, Enrico Tullio. *Eficácia e autoridade da sentença e outros escritos sobre a coisa julgada*. Tradução de Alfredo Buzaid e Benvindo Aires, tradução dos textos posteriores à edição de 1945 com notas relativas ao direito brasileiro vigente de Ada Pellegrini Grinover. 4ª ed. Rio de Janeiro: Forense, 2007.

______. *Manual de direito processual civil.* 3ª ed. v. 1. Trad. Cândido Rangel Dinamarco. São Paulo: Malheiros, 2005.

MADEIRA, Daniela Pereira. A força da jurisprudência. In: FUX, Luiz (coord.). *O novo processo civil brasileiro (direito em expectativa):* reflexões acerca do projeto do novo Código de Processo Civil. Rio de Janeiro: Forense, 2011.

MANCUSO, Rodolfo de Camargo. Da jurisdição coletiva à tutela judicial plurindividual. Evolução da experiência brasileira com as demandas seriais. *Revista de Processo*, v. 237, nov/2014.

______. *Incidente de resolução de demandas repetitivas*: a luta contra a dispersão jurisprudencial excessiva. São Paulo: Revista dos Tribunais, 2016.

______. *Recurso extraordinário e recurso especial*. 8ª ed. São Paulo: Revista dos tribunais, 2003.

MARINONI, Luiz Guilherme. *A ética dos precedentes:* justificativa do novo CPC. 2ª ed. rev., atual e ampl. São Paulo: Editora Revista dos Tribunais, 2016.

______. Comentário ao artigo 928. In: WAMBIER, Teresa Arruda Alvim et al. (coords.). *Breves comentários ao novo Código de Processo Civil*. São Paulo: Revista dos Tribunais, 2015.

______. *Incidente de resolução de demandas repetitivas:* decisão de questão idêntica x precedente. São Paulo: Revista dos Tribunais, 2016.

______. *Precedentes obrigatórios*. 4ª ed. São Paulo: Revista dos Tribunais, 2016.

______. Sobre o incidente de assunção de competência. *Revista de Processo*, v. 260, out. 2016.

______; ARENHART, Sérgio Cruz; MITIDIERO, Daniel. *Novo curso de processo civil*. v. 2. São Paulo: Revista dos Tribunais, 2015.

MARSAC, Silvestre Tandeau. Mediation et action de groupe. *Revista de Arbitragem e Mediação*, v. 46, jul-set/2015, p. 115-122.

MAZZILI, Hugo Nigri. O processo coletivo e o CPC de 2015. In: DANTAS, Bruno et al. (coords.). *Novo Código de Processo Civil – impactos na legislação extravagante interdisciplinar*, v. 2. São Paulo: Saraiva, 2016.

MAZZOLA, Marcelo. Qual a relação entre mediação extrajudicial, precedentes e negócios jurídicos processuais? *Migalhas*, 24/05/2016. Disponível em: <http://www.migalhas.com.br/dePeso/16,MI239654,31047-Qual+a+relacao+entre+mediacao+extrajudicial+precedentes+e+negocios>.

MAZZOLA, Marcelo. STJ: Processamento do IRDR pela sistemática do repetitivo. *Jota*. 5 ago. 2017. Disponível em: <https://jota.info/artigos/stj-processamento-do-irdr-por-sistematica-do-repetitivo-05082017>.

______. *Tutela jurisdicional colaborativa*: a cooperação como fundamento autônomo de impugnação. Curitiba: CRV, 2017.

MEDINA, José Miguel Garcia. Integridade, estabilidade e coerência da jurisprudência no Estado Constitucional e Democrático de Direito: o papel do precedente, da jurisprudência e da súmula, à luz do CPC/2015. *Revista dos Tribunais*. v. 974. dez./2016.

______. *Novo Código de Processo Civil Comentado*. São Paulo: Revista dos tribunais, 2015.

______. *Novo Código de Processo Civil Comentado*. 5ª ed. São Paulo: Revista dos Tribunais, 2017.

______. *Prequestionamento e repercussão geral e outras questões relativas aos recursos especial e extraordinário*. 6ª ed. São Paulo: Revista dos Tribunais, 2012.

MELLO, Celso Antônio Bandeira de. *O conteúdo jurídico do princípio da igualdade*. 3ªed. São Paulo: Malheiros, 2014.

MELLO PORTO, José Roberto Sotero de. Mediação prevista no novo CPC não pode se tornar mecanismo de procrastinação. *Consultor Jurídico*, 27/09/2016. Disponível em:< http://www.conjur.com.br/2016-set-27/tribuna-defensoria-mediacao-prevista-cpc-nao-tornar-mecanismo--procrastinacao>.

______. A ordem dos processos nos tribunais. In: SILVA, Franklyn Roger Alves (ord.). *CPC/2015: Perspectiva da Defensoria Pública*. Salvador: JusPodivm, 2016.

______.; SCHENK, Leonardo Faria. Competência. In: GAIO JÚNIOR, Antônio Pereira; PINHO, Humberto Dalla Bernardina de. *Teoria geral do processo civil*: novos paradigmas frente ao CPC/2015. Rio de Janeiro: GZ, 2018, p. 121-148.

______. Conversão da ação individual em coletiva no novo CPC: um veto que não se sustenta. *Consultor Jurídico*, 19 de abril de 2016. Disponível em: <http://www.conjur.com.br/2016-abr-19/tribuna-defensoria-conversao-acao-individual-coletiva-cpc>.

MENDES, Aluisio Gonçalves de Castro. *Ações coletivas e meios de resolução coletiva de conflitos no direito comparado e nacional*. 4ª ed. São Paulo: Revista dos Tribunais, 2014.

______. *Competência cível da justiça federal*. 4ª ed. São Paulo: Revista dos Tribunais, 2012.

______. *Incidente de resolução de demandas repetitivas*: sistematização, análise e interpretação do novo instituto processual. Rio de Janeiro: Forense, 2017.

______. *Teoria geral do processo*. Rio de Janeiro: Lumen Juris, 2009.

______. Breves considerações sobre o caráter vinculativo da jurisprudência e dos precedentes no artigo 927 do novo Código de Processo Civil. In: NUNES, Dierle; MENDES, Aluisio Gonçalves de Castro; JAYME, Fernando Gonzaga (Coord.). *A nova aplicação da jurisprudência e precedentes no CPC/2015*: Estudos em homenagem à Professora Teresa Arruda Alvim. São Paulo: Revista dos Tribunais, 2017, pp. 119-130.

______; MENDES, Carolina Paes de Castro. O direito processual coletivo e o novo código de processo civil: Estudos em homenagem ao Professor e Jurista Luiz Fux. In: MENDES, Aluisio Gonçalves de Castro; BEDAQUE, José Roberto dos Santos; CARNEIRO, Paulo Cezar Pinheiro; ALVIM, Teresa Arruda (Coord.). *O novo processo civil brasileiro*: Temas relevantes – Estudos em homenagem ao Professor, Jurista e Ministro Luiz Fux. Rio de Janeiro: LMJ Mundo Jurídico, 2018, v. 1, pp. 1-12.

______; PINHO, Humberto Dalla Bernardina de; VARGAS, Daniel Vianna; SILVA, Felipe Carvalho Gonçalves da. O incidente de resolução de demandas repetitivas (IRDR) no processo penal. Reflexões iniciais. *Revista de Processo*, vol. 279, mai. 2018, pp. 283-312.

______; SILVA, Larissa Clare Pochmann da. Ações coletivas e incidente de resolução de demandas repetitivas: algumas considerações sobre a solução coletiva de conflitos. In: ZANETI JR, Hermes (coord.). *Processo coletivo*. Coleção Repercussões do Novo CPC, v. 8. Salvador: JusPodivm, 2016.

______; ______. Os impactos do novo CPC na razoável duração do processo, *Revista de Processo*, São Paulo, v. 241, pp. 15-25, mar./2015.

______; ______. Ações coletivas na jurisprudência do STJ. In: GALLOTTI, Isabel et al (Coord.). *O papel da jurisprudência no STJ*. São Paulo: Revista dos Tribunais, 2014, pp. 1071-1088.

______; TEMER, Sofia Orberg. Comentário ao artigo 976. In: STRECK, Lenio Luiz *et al*. (orgs.). *Comentários ao Código de Processo Civil*. São Paulo: Saraiva, 2016.

______; NETO, Odilon Romano. Análise da relação entre o novo incidente de resolução de demandas repetitivas e o microssistema dos Juizados Especiais. *Revista de Processo*, v. 245, jul.2015.

______; SILVA, Larissa Clare Pochmann da. O julgamento liminar de improcedência do pedido: a previsão do CPC/2015 comparada à do CPC/1973. *Revista de Processo*, v. 261, nov. 2016.

______; TEMER, Sofia. O incidente de resolução de demandas repetitivas do novo Código de Processo Civil. *Revista de Processo*, v. 243, mai. 2015.

MITIDIERO, Daniel. *Cortes superiores e cortes supremas: do controle à interpretação, da jurisprudência ao precedente*. 2ª ed. São Paulo: Revista dos Tribunais, 2015.

MOTTA, Otávio. Aspectos da justificação das decisões judiciais em perspectiva comparada. *Revista de Processo Comparado*. v. 2, jul./dez. 2015

NERY JUNIOR, Nelson. *Princípios do processo na Constituição Federal*. 12ª ed. São Paulo: Revista dos Tribunais, 2016.

NETO, José Wellington Bezerra da Costa. O novo Código de Processo Civil e o fortalecimento dos poderes judiciais. *Revista de Processo*. v. 249. nov./2015.

NEVES, Daniel Amorim Assumpção. *Manual de direito processual civil*. 8ª ed. Salvador: JusPodivm, 2016.

______. *Novo Código de Processo Civil – Lei 13.105/2015*. 2ª ed. Rio de Janeiro: Forense, 2015.

NUNES, Dierle. Comentário aos artigos 1.036 a 1.041. In: WAMBIER, Teresa Arruda Alvim et al. (coords.). *Breves comentários ao novo Código de Processo Civil*. São Paulo: Revista dos Tribunais, 2015.

______. Comentários acerca da súmula impeditiva de recursos (Lei 11.276/2006) e do julgamento liminar de ações repetitivas (Lei 11.277/2006): duplo grau de jurisdição e do direito constitucional ao recurso (contraditório sucessivo) – aspectos normativos e pragmáticos. *Revista de Processo*, v. 137, jul. 2006.

______; BAHIA, Alexandre. Processo constitucional: uma abordagem a partir dos desafios do Estado Democrático de Direito. *Revista Eletrônica de Direito Processual*, v. 4, jul./dez. 2009.

OLIVEIRA JR, Zulmar Duarte de. Comentário ao art. 947. In: ______; DELLORE, Luiz; GAJARDONI, Fernando da Fonseca; ROQUE, André. *Execução e recursos* – comentários ao CPC de 2015. 2ª ed. São Paulo: Método, 2018.

OSNA, Gustavo. *Direitos individuais homogêneos. Pressupostos, fundamentos e aplicação no processo civil*. São Paulo: Revista dos Tribunais, 2014.

PASTOR, Daniel R. *El plano razonable em el proceso del Estado de Derecho*: una investigación acerca del problema de la excesiva duración del proceso penal y sus posibles soluciones. Buenos Aires: AD-HOC, 2002.

PEIXOTO, Ravi. *Superação do precedente e segurança jurídica*. 2ª ed. Salvador: Juspodivm, 2016.

PICARDI, Nicola. *Jurisdição e processo*. Rio de Janeiro: Forense, 2008.

PINHO, Humberto Dalla Bernardina de. Considerações sobre o incidente de conversão da ação individual em ação coletiva no projeto do novo CPC. *Revista Eletrônica de Direito Processual*, v. XIV, ano 8, jul.-dez. 2014.

______. *Direito processual civil contemporâneo*. v. 2. São Paulo: Saraiva, 2017.

______. *Jurisdição e pacificação*: limites e possibilidades do uso dos meios consensuais de resolução de conflitos na tutela dos direitos transindividuais e pluri-individuais. Curitiba: CRV, 2017.

______. *Manual de direito processual civil contemporâneo*. São Paulo: Saraiva, 2019.

______; MELLO PORTO, José Roberto Sotero de. Colaboração premiada: um negócio jurídico processual? *Revista Magister de Direito Penal e Processual Penal*, nº 73, ago./set. 2016.

______; STANCATI, Maria Maria Martins Silva. *A ressignificação do princípio do acesso à justiça à luz do art. 3° do código de processo civil de 2015*. Disponível em: < https://www.academia.edu/32200932/A_RESSIGNIFICAÇÃO_DO_PRINCÍPIO_DO_ACESSO_À_JUSTIÇA_À_LUZ_DO_ART._3_DO_CÓDIGO_DE_PROCESSO_CIVIL_DE_2015>.

RICHTER, Bianca Mendes Pereira. O incidente de assunção de competência como precedente no novo Código de Processo Civil: análise do instituto no Superior Tribunal de Justiça. *Revista de Processo*, vol. 280, jun. 2018.

ROCHA, Felippe Borring. *Manual dos juizados especiais cíveis estaduais*: teoria e prática. 9ª ed. São Paulo: Atlas, 2017.

RODRIGUES, Eduardo Azeredo. *O princípio da eficiência à luz da teoria dos princípios: aspectos dogmáticos de sua interpretação e aplicação*. Rio de Janeiro: Lumen Juris, 2012.

RODRIGUES, Marcelo Abelha. Técnicas individuais de repercussão coletiva X técnicas coletivas de repercussão individual. Por que estão extinguindo a ação civil pública para a defesa de direitos individuais homogêneos?. In: DIDIER JUNIOR, Fredie; ZANETI JUNIOR, Hermes (coords.). Repercussões do Novo CPC – V. 8 – *Processo Coletivo*. Salvador: Juspodivm, 2015.

RODRIGUES, Marco Antonio dos Santos. *A modificação do pedido e da causa de pedir no processo civil*. Rio de Janeiro: Mundo Jurídico, 2014.

______. O julgamento liminar de improcedência no CPC de 2015. In: MELLO PORTO, José Roberto Sotero de; RODRIGUES, Roberto de Aragão Ribeiro. *Direito processual contemporâneo:* estudos em homenagem a Humberto Dalla Bernardina de Pinho. Rio de Janeiro: GZ, 2018, p. 385-396.

______. *Manual dos recursos, ação rescisória e reclamação*. São Paulo: Atlas, 2017.

______; MELLO PORTO, José Roberto Sotero de. Princípio da eficiência processual e direito à boa jurisdição. *Revista de Processo*, v. 275, 2018, p. 89-118.

RODRIGUES, Roberto de Aragão Ribeiro. As ações-teste na Alemanha, Inglaterra e legislação brasileira Projetada. *Revista Eletrônica de Direito Processual*. v. VIII, 2011.

______. *Precedente formado em casos repetitivos:* eficácia, *issue preclusion* e as teses jurídicas prejudiciais. Curitiba: Juruá, 2017.

ROQUE, Andre Vasconselos. As ações coletivas após o novo Código de Processo Civil: para onde vamos?. In: ZANETI JR., Hermes (org.). *Processo coletivo*. Salvador: JusPodivm, 2016. Coleção Repercussões no Novo CPC, v. 8.

RUBIN, Fernando. Do incidente de assunção de competência. In: ALVIM, Angélica Arruda; ASSIS, Araken de; ALVIM, Eduardo Arruda; LEITE, George Salomão (coords.). *Comentários ao Código de Processo Civil*. São Paulo: Saraiva, 2016.

SARLET, Ingo Wolfgang. A eficácia do direito fundamental à segurança jurídica: dignidade da pessoa humana, direitos fundamentais e proibição de retrocesso social no Direito Constitucional brasileiro. In: ROCHA, Cármen Lúcia Antunes (coord). *Constituição e segurança jurídica:* direito adquirido, ato jurídico perfeito e coisa julgada. 2ª ed. Belo Horizonte: Fórum, 2009.

SILVA, Bruno Freire e. A nova aplicação do processo civil ao processo do trabalho: Os principais institutos, eficácia, início de vigência e respeito às situações jurídicas consolidadas. In: YARSHELL, Flávio Luiz et al. [coord.]. *Direito intertemporal*. Salvador: Juspodivm, 2016.

SILVA NETO, Francisco de Barros e. A conciliação em causas repetitivas e a garantia de tratamento isonômico na aplicação das normas. In: *Julgamento de casos repetitivos.* Fredie Didier Jr. e Leonardo Carneiro da Cunha. Salvador: Juspodivm, 2016.

SOUZA, Arthur César de. Conversão da demanda individual em demanda coletiva no novo CPC. *Revista de Processo*. v. 236, out./2014.

STRECK, Lenio Luiz. Comentário ao art. 947. In: STRECK, Lenio Luiz *et al* (orgs.). *Comentários ao código de processo civil*. São Paulo: Saraiva, 2016.

STRECK, Lenio Luiz; ABBOUD, Georges. *O que é isto – o precedente judicial e as súmulas vinculantes?*. 3. ed. Porto Alegre: Livraria do Advogado, 2015.

TALAMINI, Eduardo. Direitos individuais homogêneos e seu substrato coletivo: ação coletiva e os mecanismos previstos no código de processo civil de 2015. *Revista de Processo*. v. 241, mar./2015.

TARUFFO, Michele. Apuntes sobre las funciones de la motivación. *Revista Iberoamericana de Derecho Procesal*. v. 4, jul./dez. 2016.

______. *La corte di cassazione e la legge. Il vertice ambiguo – Saggi sulla cassazione civile*. Bologna: Il Mulino, 1991.

TEIXEIRA, Guilherme Puchalski. Incidente de resolução de demandas repetitivas: projeções em torno de sua eficiência. *Revista Eletrônica de Direito Processual*. v. 16. jul./dez. 2015.

TEMER, Sofia. *Incidente de resolução de demandas repetitivas*. Salvador: Juspodivm, 2016.

TESHEINER, José Maria Rosa. *Precedentes, jurisdinormação e fundamentação da sentença*. Disponível em: <https://www.academia.edu/28266388/Precedentes_jurisdinorma%C3%A7%C3%A3o_e_fundamenta%C3%A7%C3%A3o_da_senten%C3%A7a>.

______. Sobre o assim chamado incidente de resolução de demandas repetitivas. *Revista Páginas de Direito*, Porto Alegre, ano 16, nº 1327, 10 de agosto de 2016. Disponível em: <http://www.tex.pro.br/index.php/artigos/340-artigos-ago-2016/7699-sobre-o-assim-chamado-incidente-de-resolucao-de-demandas-repetitivas>.

THEODORO JÚNIOR, Humberto. *Curso de direito processual civil*. v. 1. Rio de Janeiro: Forense, 2017.

______; NUNES, Dierle; BAHIA, Alexandre Melo Franco; PEDRON, Flávio Quinaud. *Novo CPC – Fundamentos e sistematização*. 3ª ed. Rio de Janeiro: Forense, 2016.

THEODORO JR., Humberto. Regime das demandas repetitivas no novo código de processo civil. In: DIDIER JR., Fredir *et al.* (Orgs.). *Processo nos tribunais e meios de impugnação às decisões judiciais*. Coleção Novo CPC – Doutrina Selecionada, v. 6. 2ª ed. Salvador: JusPodivm, 2016.

TUCCI, José Rogério Cruz e. Garantias constitucionais da publicidade dos atos processuais e da motivação das decisões no Projeto do CPC – análise e proposta. *Revista de Processo*. v. 190. dez. 2010.

______. Garantia da prestação jurisdicional sem dilações indevidas como corolário do devido processo legal. *Revista de Processo*. v. 66, abr./jun. 1992.

TUCCI, José Rogério Cruz e. *Precedente judicial como fonte do direito*. São Paulo: Revista dos Tribunais, 2004.

VARGAS, Daniel. Estabilidade objetiva no IRDR: escritos sobre congruência e eficácia vinculante. In: MELLO PORTO, José Roberto Sotero de; RODRIGUES, Roberto de Aragão Ribeiro. *Direito processual contemporâneo:* estudos em homenagem a Humberto Dalla Bernardina de Pinho. Rio de Janeiro: GZ, 2018, p. 133-146.

VITORELLI, Edilson. *O devido processo legal coletivo*: dos direitos aos litígios coletivos. São Paulo: Revista dos Tribunais, 2016.

WAMBIER, Luiz Rodrigues; TALAMINI, Eduardo. *Curso avançado de processo civil*. v. 2. 16ª ed. São Paulo: Editora Revista dos Tribunais, 2016.

WAMBIER, Teresa Arruda Alvim; DANTAS, Bruno. *Recurso especial, recurso extraordinário e a nova função dos tribunais superiores no direito brasileiro*. 3ª ed. São Paulo: Revista dos Tribunais, 2016.

______. *et al.* (coords.). *Breves comentários ao novo Código de Processo Civil*. São Paulo: Revista dos Tribunais, 2015.

______.; CONCEIÇÃO, Maria Lúcia Lins; RIBEIRO, Leonardo Ferres da Silva; MELLO, Rogério Licastro Torres de. *Primeiros comentários ao novo Código de Processo Civil – artigo por artigo*. São Paulo: Revista dos Tribunais, 2015.

WATANABE, Kazuo. Relação entre demanda coletiva e demandas individuais. In: GRINOVER, Ada Pellegrini et al [coords.]. *Direito processual coletivo e o anteprojeto de Código Brasileiro de Processos Coletivos*. São Paulo: Revista dos Tribunais, 2007.

YARSHELL, Flávio Luiz. Incidente de resolução de demandas repetitivas nos tribunais superiores?. *Carta Forense*, 01/06/2017. Disponível em: <http://www.cartaforense.com.br/conteudo/colunas/incidente-de-resolucao-de-demandas-repetitivas-nos-tribunais-superiores/17629>.

ZANETI JR. Hermes. *O valor vinculante dos precedentes*: teoria dos precedentes normativos formalmente vinculantes. 2ª ed. Salvador: Juspodivm, 2016.

ZAVASCKI, Teoria Albino. *Eficácia das sentenças na jurisdição constitucional*. 4ª ed. São Paulo: Revista dos Tribunais, 2017.

______. *Processo coletivo:* tutela de direitos coletivos e tutela coletiva de direitos. 7ª ed. São Paulo: Revista dos Tribunais, 2017.